新 闻 学 与 传 播 学 前 沿

"他者"气候报道中的
社会责任研究

A Study on Media Social Responsibility in
the Climate Coverage of the Others

吴隽然 —— 著

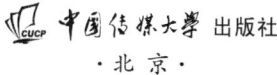中国传媒大学出版社
·北京·

图书在版编目(CIP)数据

"他者"气候报道中的社会责任研究 / 吴隽然著. -- 北京 : 中国传媒大学出版社, 2023.12
ISBN 978-7-5657-3614-8

Ⅰ.①他… Ⅱ.①吴… Ⅲ.①气候变化—新闻报道—社会责任—研究 Ⅳ.①G212

中国国家版本馆CIP数据核字（2023）第254406号

"他者"气候报道中的社会责任研究
"TAZHE" QIHOU BAODAOZHONG DE SHEHUI ZEREN YANJIU

著　　者	吴隽然
策划编辑	张　笛
责任编辑	张　笛
责任印制	阳金洲
封面设计	拓美设计

出版发行	中国传媒大学出版社		
社　　址	北京市朝阳区定福庄东街1号	邮　编	100024
电　　话	86-10-65450528　65450532	传　真	65779405
网　　址	http://cucp.cuc.edu.cn		
经　　销	全国新华书店		
印　　刷	唐山玺诚印务有限公司		
开　　本	710mm×1000mm　1/16		
印　　张	11.25		
字　　数	220千字		
版　　次	2023年12月第1版		
印　　次	2023年12月第1次印刷		
书　　号	ISBN 978-7-5657-3614-8/G·3614	定　价	58.00元

本社法律顾问：北京嘉润律师事务所　郭建平

目 录

绪 论 ·· 1
  第一节　气候报道的现实意义 ··· 1
  第二节　气候报道中的"他者"视域 ··· 4
  第三节　媒体社会责任与"他者"想象 ······································ 6
  第四节　"他者"气候报道与气候正义 ····································· 22
  第五节　"他者"气候报道研究方法 ··· 24
  第六节　"他者"气候报道研究思路与框架 ······························· 27

第一章　气候报道研究的全球社会背景 ····································· 30
  第一节　气候报道研究的知识图谱 ··· 30
  第二节　气候报道中的"他者"国家形象研究 ···························· 39

第二章　媒体社会责任视域下美国媒体的气候报道 ····················· 46
  第一节　媒体社会责任：传播绝对自由的祛魅 ··························· 47
  第二节　气候报道中的美国媒体社会责任 ································· 54
  第三节　"他者"气候报道中美国媒体社会责任的现实基础 ············ 61
  第四节　"他者"气候报道中美国媒体社会责任的伦理基础 ············ 64
  第五节　"他者"气候报道中美国媒体社会责任的挑战 ·················· 67

第三章　《纽约时报》"他者"气候报道的风险启蒙媒体社会责任 ·· 70
  第一节　LDA 主题模型分析 ·· 71
  第二节　"他者"气候报道情感分析 ··· 82
  第三节　"他者"气候报道数量分析 ··· 84

第四节　"他者"气候报道框架分析 …………………………………… 87

第四章　美国媒体气候报道中"他者"形象的历时性演变 ………… 95
　　第一节　美国国家立场视域下的"他者"形象建构（1990—2006年）·· 95
　　第二节　国际气候谈判中的"他者"形象建构（2007—2009年）…… 104
　　第三节　"他者"气候治理的形象重构（2010—2013年） ………… 116
　　第四节　美国政治分化背景下的"他者"形象建构（2014—2018年）· 121

第五章　多维视域下"他者"气候报道中的美国媒体社会责任 …… 128
　　第一节　风险启蒙视域下"他者"气候报道中的美国媒体社会责任 …… 128
　　第二节　工具理性视域下"他者"气候报道中的美国媒体社会责任 …… 131
　　第三节　气候外交视域下"他者"气候报道中的美国媒体社会责任 …… 134
　　第四节　文化偏见视域下"他者"气候报道中的美国媒体社会责任 …… 138

第六章　"他者"气候报道研究反思与展望 ……………………………… 140
　　第一节　"他者"国家自我形象建构的媒体社会责任 ……………… 140
　　第二节　研究反思与展望 …………………………………………… 143

参考文献 ………………………………………………………………………… 145

附　录 …………………………………………………………………………… 162
　　附录1　框架的类别与操作路径 …………………………………… 162
　　附录2　《纽约时报》中的气候报道框架 …………………………… 163
　　附录3　1990—2018年《纽约时报》"他者"气候报道语料库 …… 164

后　记 …………………………………………………………………………… 174

绪 论

第一节 气候报道的现实意义

气候变化作为一种典型的全球性风险，对于人类社会的威胁甚至比核武器更甚，不仅造成海平面上升、冰川消融、热浪侵袭、洪灾、干旱、疾病与生态系统破坏等一系列重大威胁，更引发了国际冲突与战争。2018年10月，联合国政府间气候变化专门委员会（IPCC）发布的报告指出："人类应对气候变化的机会窗口只剩下最后12年，若未能在这一时间内进行有效的气候治理，人类社会将产生不可逆的后果。"IPCC前主席帕乔里（Rajendra Pachauri）也强调："这个世界已经到了十分危险的时刻，大气层里聚集了过多的二氧化碳……气候变化已成为确凿的事实。我们拯救世界的机会已十分渺茫，一刻也不能耽搁了。"[①] 极端天气正在地球的每一个角落上演，大气与海洋的暖化速度已达到历史最高值。2019年12月，世界气象组织（WMO）发布的《全球气候状况声明》指出："假使我们不对温室气体的排放量加以控制，气候变化不仅会对生态环境系统、人类环境、粮食安全、人身与财产安全等方面带来严峻的威胁，亦会导致人口迁移、区域冲突加剧以及全球金融体系的动荡。"2020年12月12日，联合国秘书长古特雷斯在气候雄心峰会上致辞，呼吁全球进入"气候紧急状态"。

面对日益严峻的气候风险，中国国家主席习近平在不同场合发表了一系列应对全球气候变化的重要论述，在国际社会引起了强烈反响。2019年，习近平

[①] 秦静.国外纸媒涉华气候变化报道中的中国国家形象研究（2007—2017）[D].上海：华东师范大学，2018.

主席撰文指出："应对气候变化需要世界各国同舟共济、共同努力，任何一国都无法置身事外，独善其身。"① 2021年10月，习近平主席在联合国《生物多样性公约》第十五次缔约方大会领导人峰会的主旨演讲中强调："生态文明是人类文明发展的历史趋势。我们必须秉持生态文明理念，站在为子孙后代负责的高度，共同构建地球生命共同体，共同建设清洁美丽的世界。"② 2021年9月10日与11月16日，中国国家主席习近平与美国总统拜登先后以电话与视频的方式进行了对话与交流，气候变化成为中美双方的共同关切的焦点议题。

当前，国际社会面临两大议题：一是中美关系，二是气候变化。二者息息相关，互为因果。在气候变化这一全球性危机面前，世界各国业已成为休戚与共的命运共同体，任何一个国家都无法独善其身。中美两国气候合作的意义深远，价值重大，超越了双边关系而具有全球性影响。③ 由此可以看出，气候变化并非纯粹的生态议题，而是一个集国际政治、经济与伦理等多维度于一体的宏观议题，"碳达峰"与"碳中和"等目标都凸显了国际社会在削减温室气体排放上的共同愿景。作为全球广泛讨论的公共风险议题，气候变化改变了我们对于人类前途的想象，设置了全球基础性政治议程并重塑了社会运动，给当下这个"去多边主义"的时代提出了严峻的挑战。从某种意义上说，气候变化已成为"全球社会的危机体验"，推动了人类命运共同体意识的形成。

然而，气候变化的知识化与网络化等结构性特点使得公众缺乏获取气候信息与气候知识的有效途径。美国国家科学研究委员会指出："在建构不具备科学知识的一般受众的风险认知时，大众媒体具有强大的议程设置能力，能够帮助他们识别风险并获取化解风险的信息。"④ 路透社新闻研究所发布的《2020数据新闻报告》显示，媒体在建构气候议程时有两个主要特点：第一，新闻媒体是受众获取气候变化资讯的主要渠道。一项对40多个国家的民众进行的网络调查显示，通过电视、新闻网站、专业气候新闻机构与社交媒体获取气候资讯

---

① 习近平.推动我国生态文明建设迈上新台阶[J].理论导报，2019（08）：17-18.
② 黄承梁.生态文明是人类文明发展的历史趋势[EB/OL].（2021-10-15）[2021-11-10].http://theory.people.com.cn/n1/2021/1015/c40531-32254713.html.
③ 刘元玲.中美气候外交如何从政治僵局中突围[EB/OL].（2021-08-03）[2021-10-02].https://chinadialogue.net/zh/3/72773/.
④ KEENEY R L, WINTERFELD D V. Improving risk communication[J]. Risk analysis, 1986, 6(4).

的受众占比分别为35%、15%、13%、9%。第二，社交媒体上的气候报道主要来自传统新闻媒体。在气候风险的再现与解读上，媒体的报道是一个将心理、社会、制度与文化等多种因素相结合的过程，履行了"有组织的风险责任担当"的角色，其在气候报道中的信息、框架策略以及话语使用都会影响受众的风险认知。不仅如此，媒体还是社会的"文化之眼"，是可资各方就气候变化议题展开政治辩论并推动政治行动的公共场域，是气候政策的参与者与各种风险权力的角斗场，甚至是危险的"风险放大器"。① 美国学者卡斯帕森（Roger Kasperson）将媒介视为定义风险的重要社会机制，并基于这种认知提出了"风险社会放大框架"（SARF），旨在通过宏大的历史与社会背景研究风险与风险事件如何被放大或弱化；风险认知会产生何种变化，以及它与心理、制度、社会与文化等的互动过程；风险被放大后会塑造出何种风险行为，会如何影响社会制度的建构并将产生何种后果等问题。② 美国语言学家、哲学家乔姆斯基（Noam Chomsky）也指出，媒体在风险建构的过程中扮演着十分重要的角色，谁能掌握风险论述，谁就有可能掌握斗争优势。③

作为具有全球影响力的融合媒体，《纽约时报》自20世纪80年代气候变化议题甫一提出就对其进行了追踪报道，并建构了气候变化的议程设置与媒体间的议程设置。20世纪90年代，该报对其观察视角进行了拓展，从美国的酸雨、雾霾和垃圾处理转向全球暖化、臭氧缺失、热带雨林遭破坏以及物种大规模灭绝等一系列更为广泛的问题。在《纽约时报》强大的议程设置作用下，气候变化议题在美国引发了政府、非政府组织、科学家、企业与公众等各方的普遍关注。当前，气候变化已不再是传统意义上的国家治理议题，以中国、印度、巴西和南非为代表的发展中国家和以美欧为代表的发达国家在风险社会的治理维度上呈现出一种"竞合"关系。作为美国媒体的"代言人"，《纽约时报》有进行气候风险传播与客观真实再现"他者"国家气候图景的责任，从而推动全球气候治理的实现。

在《纽约时报》的气候报道中，媒体社会责任是影响其"他者"话语建构的一个重要因素。该理论自1956年于《报刊的四种理论》中被首次提出后，逐

---

① 何双秋,魏晨.媒体在风险社会中的社会功能[J].传媒观察,2007(06):36-37.
② 全燕.基于风险社会放大框架的大众媒介研究[D].武汉:华中科技大学,2013.
③ 秦瑜明,周晓萌.再造现代性:风险社会的媒体传播与社会治理[J].现代出版,2020(05):52-57.

渐成为美国媒体引导舆论、解决冲突、推动社会行动与捍卫公共利益的重要理论参考。彼时，媒体社会责任的关注范围尚集中在美国国内，并无再现"他者"的现实性与紧迫性。然而，在气候风险日益凸显的今天，《纽约时报》已无法回避"自我"与"他者"共同进行气候治理的客观要求，因而负有客观准确再现"他者"的道德与伦理义务。诚如美国传播学者内隆（John Nerone）所言，媒体社会责任的提出使得各方认识到：媒体并非是封闭的，而是一个宏大的政治、社会与文化系统的子系统。在英国传播学者麦奎尔（Dennis McQuail）看来，媒体社会责任是媒体与社会之间的内在"契约"。在这个契约中，媒体被受众赋予了服务公共利益的责任，而这种责任对于民主社会而言是必不可少的。

在经济全球化与传播数字化的双重背景下，《纽约时报》在传播内容和传播范围上都实现了全球传播。全球传播衍生出全球责任。所谓"全球责任"，是指"媒体对分布在世界各个角落的受众都负有社会责任，其实现需满足三个条件：一是传播范围要覆盖全球；二是传播活动要面向世界各国民众；三是要以促进世界各国更全面深入的相互理解为旨归"[①]。从这个意义上说，《纽约时报》是我们观察美国主流媒体是否实现由"本国责任"向"全球责任"转向的一个理想样本。加拿大传播学者沃德（Stephen J.A.Ward）指出："从历史角度看，区域性的媒体社会责任相对狭隘，因为其标准只适用于特定的群体，对于记者是否对他国公民负有责任的论述几乎为零，媒介伦理似乎在国境线上戛然而止了。"[②]沃德的这一观点向我们传递了一个重要信号：在面对事关人类生存与发展的全球性风险挑战时，《纽约时报》媒体社会责任的取向存在由国内社会向国际社会过渡的现实性与可能性，而气候报道中"他者"形象的建构正好为观察这种媒体社会责任的转向提供了样本或者说是这种媒体社会责任的反映。

第二节　气候报道中的"他者"视域

气候变化作为当前最突出的全球性挑战之一，自 20 世纪中期以来其影响

---

① WARD S J. Philosophical foundations for global journalism ethics[J]. Journal of mass media ethics，2005，20（1）.

② WARD S J. Global journalism ethics[M]. Montreal：McGill-Queen's University Press，2010.

范围大大超越了国家的界线。研究选择《纽约时报》作为话语源，主要基于两点考量：一是《纽约时报》是美国历史最悠久的报纸之一，发行量在美国位居第三，获得过130多项普利策奖，享有"档案记录报"的美誉，议程设置能力十分强大，具有全球影响力和读者群；二是《纽约时报》自20世纪80年代以来对气候变化议题表现出一以贯之的关注，唤起并提升了美国民众对本国与"他者"国家共同建构"风险命运共同体"的关注。①

本书之所以选择1990年作为研究的起点，原因有三：一是1990年前后苏联与东欧社会主义国家的相继瓦解消解了美苏争霸的现实基础，而气候变化的挑战与威胁将世界建构成一个"风险命运共同体"。美国与"他者"的关系无法继续沿袭"意识形态挂帅"的旧式思维，而必须在全球多元文化价值体系的框架下以"对话"与"合作"为关键词。二是1990年联合国政府间气候变化专门委员会发布的评估报告第一次向全世界发出了重大警讯：在过去的100年里，全球温度上升了0.3℃—0.6℃，海平面上升了10—20厘米，二氧化碳的水平较工业革命时期的230 ml/m³上升到353ml/m³。三是1990年12月第45届联合国大会通过了第45/212号决议，决定成立由联合国全体会员国参加的《联合国气候变化框架公约》，国际气候谈判由此开启。

本书选择2018年为截止时间的原因有两点：一是2018年在波兰卡托维茨召开的《联合国气候变化框架公约》第24次缔约方大会是巴黎气候会议后最重要的一次会议，是决定《巴黎气候协定》目标能否实现的关键会议。本次会议围绕《巴黎气候协定》规则、提升全球气候行动力度，以及气候资金等问题展开磋商，为各国在2020年前更新国家自主贡献奠定基础。二是2019年是研究的开启时间，因此2018年是能够完整获取《纽约时报》气候报道的最后一年。

在《纽约时报》气候报道的"他者"选择中，研究主要聚焦中国和印度这两个发展中大国，这是基于三点考虑：第一，作为超级人口大国，中国和印度既是气候变化最大的"受害者"，也是碳排放前两位的发展中国家，两国具有应对气候变化的现实性与急迫性，离开中印谈"他者"气候治理没有代表性。第二，中国和印度都是全球区域大国，一直在国际气候谈判中坚持公平原则、

---

① 郭小平.西方媒体对中国的环境形象建构——以《纽约时报》"气候变化"风险报道（2000—2009）为例[J].新闻与传播研究，2010（04）：18-30.

共同但有区别的责任原则与各自能力原则，强烈要求发达国家兑现其对发展中国家的资金与技术援助承诺，反对发达国家借气候议题打压发展中国家的生存与发展空间。第三，近年来，由于美印关系要好于中美关系，因此《纽约时报》对于中国和印度的形象建构是否采用相同的视角与标准，反映出它在气候报道中是否忠实履行了媒体社会责任。

囿于篇幅与研究视域所限，本书选取了《纽约时报》1990—2018年气候变化议题作为观察其报道"他者"时媒体社会责任履行情况的横切面，并设计了三个研究问题：一是《纽约时报》气候报道中的"他者"形象究竟是沿袭了萨义德在《东方学》里描述的二元对立还是呈现出一种流动的发展形象？二是《纽约时报》气候报道中"他者"形象的嬗变是否意味着其忠实地履行了气候传播中的社会责任？三是《纽约时报》在"他者"气候报道过程中社会责任的变化对于全球气候治理有何影响？

本书使用框架分析、话语分析与LDA主题模型分析等研究方法对《纽约时报》1990—2018年的气候报道中的"他者"形象进行了分析，旨在观察《纽约时报》在气候报道中对于"他者"形象的再现是否摆脱了冷战思维而日趋全面、客观与平衡，在气候风险话语层面是否由狭隘的民族中心主义转向全球社会责任。此外，对《纽约时报》"他者"报道所履行的媒体社会责任的研究与反思，对于考察其他西方国家媒体在"他者"气候报道中媒体社会责任的履行有一定的启发与借鉴作用，也为以中国为代表的发展中国家媒体在气候报道中思考如何用更好的"自塑"代替西方媒体的"他塑"提供了现实依据。由此，才能更好地让世界了解中国在应对气候变化及气候治理上的立场和政策，讲好中国气候传播故事，建构中国气候谈判话语体系，塑造中国的气候治理形象。

第三节 媒体社会责任与"他者"想象

《纽约时报》"他者"气候报道中的社会责任研究融合了媒体社会责任、"他者"视角与气候传播等问题，涉及多种理论与观点。为了更好地揭示各核心概念间的内在逻辑及关系，本节将对相关核心概念演化的历史脉络进行梳理与诠释，回顾国内外有关《纽约时报》"他者"气候报道中的社会责任研究，为本书的研究提供相对丰富的文献及理论支撑。

一、美国媒体社会责任

尽管很多学者强调当代社会中媒体的政治功能，荷兰学者利德凯尔克（van Liedekerke）却认为媒体的文化角色更重要，因为它对于社会规范与价值观有着十分重要的形塑作用。① 美国媒体社会责任论者认为，新闻自由应该承担道德责任，需要建立一个与社会"分享共同价值"的大众传播体制。美国学者丹尼斯（Everette E. Dennis）指出："我们拥有的应该是一个社会责任的体制。在这个体制中，新闻业享有某些权利，同时也承担责任和义务。"②

瑞士学者因根霍芙（Diana Ingenhoff）与科宁（Martina Koelling）将媒体责任分为四种类型：一是编辑的责任，二是媒体对新闻从业者的责任，三是媒体对环境的责任，四是媒体对社会的责任。如图 X-1。③

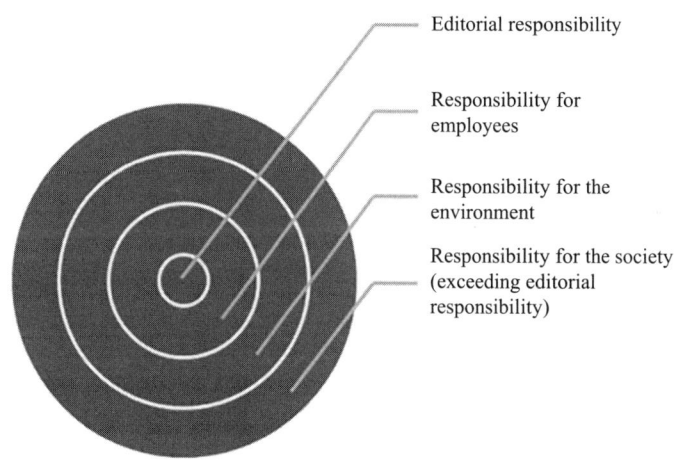

图 X-1 媒体责任的四种类型

美国学者霍奇斯（Louis W. Hodges）从两个维度对"责任"一词进行了界定：一是 Responsibility，二是 Accountability。前者是大众媒体应主动承担的

---

① VAN LIEDEKERKE L. Media ethics: from corporate governance to governance, to corporate social responsibility. Communications, 2004, 29（1）.
② 丹尼斯，梅里尔. 媒介论争［M］. 王春枝，译. 北京：中国人民大学出版社，2019.
③ INGENHOFF D, KOELLING A M. Media governance and corporate social responsibility of media organizations: an international comparison［J］. Business ethics: a European review, 2012, 21（2）.

责任，是一种自发的负责，后者则是政府、法院或其他权力机构对大众媒体的"责求"，隐含着这些权力机构有能力或有权力要求大众媒体负责，并对此作出解释。正如人与人之间存在的责任关系，媒体对社会也承担着三种形式的责任：第一，指定式责任。在有些国家，大众媒体是政府的组成部分，新闻从业者的一部分责任是由政府指定的，另一部分则是由所属的媒体机构或公司指定的。第二，契约式责任。新闻从业者可以与社会订立"契约"，自愿承担某些明确或隐含的责任。它主要由新闻从业者与媒体机构订立的契约和新闻从业者与公众之间订立的契约组成。第三，自愿式责任。这一责任与新闻职业道德有关，新闻从业者自愿将责任融于自律的价值体系中并自觉承担责任。[①]

与霍奇斯的观点不同，美国学者埃利奥特（Deni Elliott）认为"责任"是一种职责或义务，是由职业道德的要求所规定的。基于这样的定义，她将大众媒体责任的决定因素归纳为三种类型：一是媒体在社会中具有的功能，二是媒体在其服务的社区中发挥的作用，三是媒体从业者个人的自我价值体系。[②] 埃利奥特的媒介责任观从责任的视角出发，指出责任与大众媒体之间存在着不可分割的关系，"无论媒介置于怎样的社会中，它们都对社会负有责任，而且每种媒介都要对依赖它们获知信息的公众与团体负责。不管是私有制媒介，还是政府所有制媒介，不管有无新闻的存在，也不管这种控制是来自新闻机构本身，还是来自外部力量，责任都是存在的"[③]。据此，埃利奥特将美国媒体的社会责任具体分为七点：一是媒体应真实客观地报道新闻，二是为弱势群体发声，三是不计成本获取"新闻故事"，四是充当受众的眼睛和耳朵，五是对作为新闻主题或消息源的个体的需求保持敏感，六是监督政府，七是记者应做自己认为对的事情。

黄旦从美国媒体社会责任的历史缘起入手，对美国媒体社会责任进行了系统的介绍，将大众媒体在现代社会中的位置形象地描述为社会体制（经济、政治等）与受众之间的"三明治"夹心。为了凸显这块"夹心"，媒体必须成为独立的、具有明确事业责任感的公共服务机构，而政府和公众则主要发挥监督

---

① 徐耀魁. 西方新闻理论评析 [M]. 北京：新华出版社，1998：238.
② ELLIOTT D. Responsible journalism [M]. Thousand Oaks, CA: Sage, 1986.
③ ALTSCHULL J H. From Milton to McLuhan: the ideas behind American journalism [M]. New York: Longman, 1990.

者、批评者和鉴定者的角色。① 相较于黄旦的历史叙事，陈力丹从宏观面向对美国的媒体社会责任进行了解析。通过对美国媒体社会责任产生的时空背景、理论基础与核心观点的深入分析，陈力丹对其进行了批判性的评价：媒体社会责任严格来说并不是一个独立的理论，而是自由至上主义理论的一种演化形态，是对该理论的一次革新。人的不理性是媒体社会责任的理论前提，媒体社会责任应从媒体、公众与政府的三者关系加以考察，因为它们三者既是权利的主体又存在着不同利益目标。② 燕道成从责任伦理的视角出发，融合传统伦理学的相关理论，以责任伦理的前瞻性、预防性和整体性为媒体社会责任提供了一种理论参考，并指出：美国媒体社会责任不是媒体的"附加项"，而是其媒介实践合法性的内在要求。③ 郑根成指出了美国媒体社会责任在实践中的悖论：一方面，美国媒体自诩践行社会责任伦理以维护社会道德、影响社会道德并推动社会道德的进步与发展；另一方面，美国媒体在实践中伦理失范的案例层出不穷，忽略了人文关怀的立场与追寻真相的责任。④ 郑涵和金冠军指出了媒体社会责任中"他律"的重要性：唯有基于媒体问责的制度安排，如政治问责、市场问责、公共问责和职业问责，才能更好地保障公众获取与使用信息，促使公众更多地参与公共领域事务。⑤ 张春华从对"公共利益"的界定入手，分析了传媒体制、媒体社会责任与公共利益的互动关系。⑥ 韩鸿与彭璟的《论智媒时代社交媒体的社会责任——对2016年美国大选中Facebook假新闻事件的反思》对Facebook等智能媒体的协同过滤机制选择性地向受众推送内容的负面效应进行了阐述，指出看上去"很科学"的人工智能算法事实上成了假新闻的推手，导致过滤泡现象与回音室效应出现，"观点的自由市场"陷入了失序状态。⑦

---

① 黄旦.负责任的公共传播者：事业化和商业化冲突中的新探索——学习美国新闻传播思想史札记[J].新闻大学，2000（03）：5-11.
② 陈力丹.自由主义理论和社会责任论[J].当代传播，2003（03）：4-5.
③ 燕道成.传媒责任伦理研究[D].长沙：中南大学，2010.
④ 郑根成.媒介载道——传媒伦理研究[D].南京：东南大学，2006.
⑤ 郑涵，金冠军.论当代国际传媒研究中的两大关键词：社会责任与问责[J].现代传播，2007（03）：41-45.
⑥ 张春华.传媒体制、媒体社会责任与公共利益——基于美国广播电视体制变迁的反思[J].国际新闻界，2011（03）：58-64.
⑦ 韩鸿，彭璟.论智媒时代社交媒体的社会责任——对2016年美国大选中Facebook假新闻事件的反思[J].新闻界，2017（05）：86-93.

在媒体社会责任这一主题上，国外很多学者将其与媒介伦理相关联，进行了诸多个案研究。英国学者贝利（David Berry）在《新闻·伦理·社会》一书中对媒体社会责任与媒介伦理做了详细论述并指出：大众传媒最基本的功能就是维系民主，而非破坏民主；媒体社会责任可以对媒体在实践中的错误做法予以纠正，以更高的新闻标准和更有品质的媒体实践给受众带来看得见的福利。贝利还认为，真实和客观是媒体社会责任中最重要的两个原则，应成为所有媒体实践的基础。① 在《伦理与新闻》一书中，英国学者桑德斯（Karen Sanders）从伦理的哲学传统入手对媒介伦理进行了深入的探讨，并对新闻与伦理的关系进行了梳理，分析了媒体新闻实践中的自由限度、假新闻、自我规范和行为准则等概念。此外，他还对媒介伦理在21世纪面临的挑战与好记者的标准做了较为详尽的论述。② 英国伦理学家查德威克（Ruth Chadwick）在《新闻与媒体中的伦理问题》中从新闻、政治与经济的关系入手，对媒体社会责任与媒介伦理做了考察，探讨了客观性、真实性、隐私、偏见及言论自由等方面的媒介伦理，较为全面地阐释了媒介伦理对新闻从业人员、媒介组织和受众的重要作用。③ 与其他学者强调媒体的"自律"不同，英国学者刘易斯（James Lewis）和克里克（Paul Crick）在《21世纪的媒介法律和伦理》中从"他律"的维度对媒体社会责任进行了探讨，从法律层面研究了媒体行为的伦理道德底线，厘清了媒介自由和侵犯隐私之间的边界，并着重论述了新技术背景下网络空间的隐私问题。④

二、"他者"理论

所谓"他者"，是相较于"自我"而形成的概念，是指自我以外的一切人与事物。凡外在于自我的存在，无论它以什么形式出现，可见或不可见，可感知或不可感知，都可被称为"他者"。⑤ 在现象学中，"他者"是一个自我形象

---

① BERRY D. Journalism, ethics and society [M]. Farnham: Ashgate, 2008.
② SANDERS K. Ethics & journalism [M]. London: Sage, 2003.
③ BELSEY A, CHADWICK R. Ethical issues in journalism and the media [M]. London: Routledge, 1992.
④ LEWIS J, CRICK P. Media law and ethics in the 21st century: protecting free expression and curbing abuses [M]. London: Palgrave Macmillan, 2014.
⑤ 张剑. 西方文论关键词：他者 [J]. 外国文学，2011（01）：118-127.

中累计性的构成因素，亦是作为真实的一种确认。在古代，"他者"是"自我"对于陌生事物的一种本能回避与恐惧；在现代，"他者"被视为理性精神所追求的理性秩序与价值的对立面，与愚昧、混乱、肮脏和邪恶等勾连在一起，用以确证"自我"现代生活的价值。① 从根本上说，"他者化"是将不切合社会常规的人排除，这些常规也可以理解为自我的一个版本。"他者化"的概念体现了一种权力的对立关系，"我族"与"他族"、"我群"与"他群"之间的"他者化"是对自我群体身份的认同。英国学者博埃默（Elleke Boehmer）认为，"他者"就是殖民者认为不熟悉的对立面或否定因素，主体权威的确立正是基于"他者"的存在。正是由于对"他者"的不确定性和不安全感，"自我"才会把"他者"描绘成庸俗和低级的以获得满足感和优越感。因此，"他者"的身份建构并非自主的，而是由政治、经济、军事上占强势的国家想象、建构和传播的，是"自我"对"他者"实施主观暴力的过程。②

最近两百年以来，美国的政党轮替与多元化的社会发展并未改变其媒体戴着有色眼镜报道"他者"的事实。在看待以中国为代表的"他者"国家时，美国媒体使用疑问、矮化、排斥等现代传媒工具代替了媒体社会责任，即法国学者萨特（Jean-Paul Sartre）所言"异域的道德架构指向"。这种充满惊讶、偏见与蔑视的目光源于以西方世界的权力与规范为注脚的主观审视。美国媒体将政治体制、经济制度与社会文化语境等因素忽略了。③ 今天，全球化极大地改变了社会交往与传播的性质，国家不再是媒介再现生产、传播与消费的唯一语境或主导语境。这样一来，代表法律、秩序、社会与文明的"自我"就被赋予了充分的正当性，而被抽离历史与结构脉络的"他者"成为迷思亦是再自然不过了。

美国传播学者坎贝尔（Christopher P. Campbell）将美国媒体的"他者"建构分为三种类型：一是"边际迷思"（myth of marginality），二是"差异迷思"（myth of difference），三是"同化迷思"（myth of assimilation）。

第一，"边际迷思"是指"他者"被排除在主流社会之外，在美国的主流

---

① 单波，张腾方. 跨文化传播视野中的他者化难题[J]. 学术研究，2016（06）：39-45.
② 博埃默. 殖民与后殖民文学[M]. 盛宁，韩敏中，译. 沈阳：辽宁教育出版社，1998：22.
③ WEIMANN G. Communication unreality: modern media and the reconstruction of reality[M]. Thousand Oaks, CA: Sage, 2000.

媒体中几乎处于"缺场"的状态,任何与之有关的再现都是片面与充满偏见的。① 所有与文化多元性及多样性的言说都成了被怀疑的对象。无论是文化多元性的自我表达、弘扬和传承,还是借助各种方式和技术进行的文化多元性的艺术创造、生产、传播、销售和消费,作为边缘群体的"他者"都缺乏必要的参与。

第二,"差异迷思"是指"他者"与"自我"相比,被看作更懒惰、笨拙、无知、危险与冲动的存在。后殖民主义理论将"他者"视为西方在殖民扩张过程中发现的"新大陆",这个大陆上的一切都让西方人觉得陌生而低劣。对于欧洲来说,东方既不是完全的虚构或想象,亦不是客观的存在,而是一种被人为创造出来的理论与实践的双重体系,蕴含着历史的物质积累。这种主客体的二元对立从根本上说是以"自我"为参照体系的。美国历史学家卡明斯（Bruce Cummings）从历史学的角度指出:全球文化和信息大多是"自西向东"的单向传递,西方确定话语权和内容,东方接受之,西方对东方的欣赏仅限于后者不具威胁的异域新奇感。②

第三,"同化迷思"是指承认"他者"在政治、经济、教育和社会等方面的弱势地位,认为当今美国社会不应对"他者"抱有歧视与偏见,认为"他者"应享有平等的上升通道。因此,它又被称为"启蒙式种族主义"。

目前,中国学者关于美国媒体"他者"报道主题的研究主要集中在两个方面:一是从刻板印象、媒介框架与话语霸权等焦点切入,对美国媒体的"他者"报道进行分析与批评;二是从跨文化传播、"他者"崛起与全球传播格局变化等焦点议题入手,提出如何改变被异化的"他者"形象的策略。童兵与潘荣海指出:"他者化"就其本质而言是一种权力关系,美国媒体新闻报道中的"他者化"就是对主流群体权力的合法化。"他者化"不仅是刻板印象的问题,更是社会权力与符号权力的二元对立,与新闻的框架策略密不可分。③ 辛静通过对《纽约时报》、《华尔街日报》、CNN 三家美国主流媒体的比较指出:虽然美国主流媒体对中国的报道呈逐年上升趋势,但其报道角度与方式依然十分

---

① CAMPBELL C P. Race, myth and the news [M]. Thousand Oaks: Sage, 1995.
② 卡明思. 海洋上的美国霸权[M]. 胡敏杰,霍忆湄,译. 北京:新世界出版社,2018:696.
③ 童兵,潘荣海."他者"的媒介镜像——试论新闻报道与"他者"制造[J].新闻大学,2012(02):72-79.

局限；美国的意识形态结构、政治社会权力与高度的商业化新闻环境使得其媒体的"他者"报道呈现一种媒介定型。① 闵秀玲则从美国媒体的新冠疫情报道入手，通过刻板印象、媒介框架与符号分析等剖析了西方媒体"他者化"倾向的表现、产生机制及其折射的权力关系，并指出：虽然客观、公正、中立与平衡等原则被西方奉为新闻业的圭臬，但政治、经济、社会制度与意识形态的天然鸿沟依然存在，"他者化"依然是美国媒体呈现中的必然。② 申文静与戴佳通过比较新华社、美联社和路透社对"他者"——埃及的报道发现：在新华社的媒介建构中，"他者"呈现出与美英两国通讯社不同的形象，凸显了"他者"的能动性，这也说明西方媒体建构的"他者"反映的是它们根深蒂固的霸权思维，并非真实、客观的再现。③

对于美国媒体"他者化"报道的成因，国外学者从宏观和微观两个面向进行了研究。英国学者伯顿（Graeme Burton）从宏观层面将美国媒体的"他者化"归因为"某些特定的社会行为被打上了'越轨'的烙印，因而某些特定的社会群体被含蓄地归类为区别于我们的'其他人'"④。美国社会学家塔奇曼（Gaye Tuchman）指出：媒体通过新闻报道创造并维护"他者"的刻板印象。在很大程度上，人们通过新闻这个"了解世界的窗口"获取并形成针对报道对象的刻板印象，如此一来，媒体便完成了对"他者"的建构。⑤ 另一位美国学者瑞兹（Stephen Reese）认为，框架策略是实现"他者化"的重要手段，而框架策略的选择则是权力不断生产与运作的结果。⑥ 对于美国等西方国家建构的"他者"形象，英国传播学者屠苏（Daya Thussu）认为："由于发展中国家新闻业的发展不足，人们对这些国家的印象往往来源于媒体的陈词滥调——泰国以

---

① 辛静.熟悉的陌生人：美国新闻媒体中被他者化的中国作家莫言[J].国际新闻界，2015，37（04）：27-38.

② 闵秀玲."他者"的媒介呈现——新冠肺炎全球媒体呈现"他者"制造[J].新闻传播，2020（05）：28-29.

③ 申文静，戴佳.新闻中的"他者"：新华社、美联社和路透社埃及政治危机新闻比较研究[J].全球传媒学刊，2016，3（02）：21-42.

④ BURTON G. Media and society: critical perspectives [M]. UK: Open University Press, 2005.

⑤ TUCHMAN G. Making news: a study in the construction of reality [M]. New York: Free Press, 1978.

⑥ REESE S D, GANDY O H, GRANT A E. Framing public life: perspectives on media and our understanding of the social world [M]. Mahwah, NJ: Lawrence Erlbaum Associates, 2001.

童妓闻名，哥伦比亚有很多可卡因，埃塞俄比亚则经常闹饥荒。"①

"9·11"恐怖袭击之后，美国媒体加大了"他者化"的报道幅度。② 加拿大学者杜恩（Elizabeth Dunn）直截了当地指出：美国媒体通过语言策略抹杀了"自我"造成的暴力，而将暴力的责任通通归咎给"他者"。③ 在美国媒体的国际新闻报道中，对于宗教群体采用的"他者"范式大大影响了它的媒介话语。爱尔兰学者韩礼德（Fred Halliday）等人则认为，美国媒体之所以对伊斯兰国家进行选择性再现，是为了将其建构为西方的突出威胁。④

除了宏观上的审视，不少学者也从微观层面研究了美国媒体针对"他者"的形象建构。苏美尔（Su-Mei Ooi）等学者对美国媒体中的中国形象建构进行了历史性的梳理，发现从"异域的他者""小兄弟"到"挑战者"等形象的变化反映了美国社会的心理变化。他指出：美国媒体在建构中国形象时更多是从自身的国家利益出发，因此中国成了美国想象中的"潜在的敌人"。⑤ 通过对美国媒体1969—2014年607篇含有"极端化"的新闻报道进行分析，美国学者席尔瓦（Derek M.D.Silva）发现：极端化话语在美国媒体中并非一个新的话语形式，而是复杂的社会语言与历史发展衍生的结果，并不只存在于单个的事件或危机中。美国学者蒙森（Sarah Monson）对美国媒体的非洲报道予以关注并指出：美国媒体将2014年暴发的埃博拉病毒与非洲和非洲人等同起来，制造了美国社会对于病毒与非洲人的恐慌，从而使得生活在美国的非洲人与从西非返美人士被"污名化"了，建构了"埃博拉是非洲的""埃博拉遍布全非洲"等媒介叙事。⑥

---

① MALEK A, KAVOORI A. The Global dynamics of news: studies in international news coverage and news agenda [M]. Norwood, NJ: Ablex, 2000.
② NURULLAH A S. Portrayal of muslims in the media: 24 and the othering process [J]. International journal of human sciences, 2010, 7 (1).
③ DUNN E W, MOORE M, NOSEK B A. The war of the words: how linguistic differences in reporting shape perceptions of terrorism [J]. Analyses of social issues and public policy, 2005, 5 (1).
④ HALLIDAY F. Islam and the myth of confrontation [M]. London: I. B. Taurus, 1996.
⑤ OOI S M, D'ARCANGELIS G. Framing China: discourses of othering in US news and political rhetorical [J]. Global media and China, 2018, 2 (3-4).
⑥ MONSON S. Ebola as African: American media discourses of panic and otherization [J]. Africa today, 2017, 63 (3).

三、风险社会放大框架

风险社会放大框架是由美国学者卡斯帕森（Roger Kasperson）于1988年提出的。他将风险的技术评估、风险感知及与风险相关的心理学、社会学研究和文化视角系统联系起来，旨在揭示一个风险事件的最终影响为何会超过其初始效应。换言之，风险社会放大框架是指信息过程、制度结构、社会团体行为和个体反应共同塑造的社会体验，从而促成风险结果的现象。[①]风险事件与社会进程之间的互动关系说明，所谓的"真实"（绝对）风险和"失真"（由社会决定）风险之间并不存在绝对界限。

风险社会放大框架理论从建构主义层面对风险放大的社会系统进行了描述，结合社会风险扩散的主客观要素以及微观与宏观环境变量，对危机风险的放大有着很强的解释作用。风险社会放大框架基于这样一种假设：除非人类观察到风险事件并将其传播给其他人，否则风险事件的影响力在很大程度上是无关紧要的，或者说是非常局部化的。风险的社会放大根源在于风险的各种信息通过社会及个体"放大站"加工，包括技术评估专家、风险管理机构、大众媒体、社会团体中的意见领袖等。在这其中，媒体对于风险议题的传播与扩散在很大程度上形塑了大众的认知。媒体报道的程度，传递的信息，风险的"架构"，媒体中风险"信号"的出现、象征、隐喻和在描述风险时所做的披露，在塑造团体和个体风险观的过程中尤为重要。[②]

四、风险传播

自20世纪80年代以来，"风险传播"作为传播学的一个重要议题在决策制定与风险管理等维度吸引了愈来愈多的关注。[③]美国风险认知与沟通委员会将风险传播定义为"个人、团体与机构之间交换信息和观点的互动过程……它不仅直接传递与风险有关的信息，还包括具有风险性质的多重信息和其他信息，这些信息表达了对风险信息或风险管理合法的机构的关注、意见与反

[①] 卡斯帕森，等.风险的社会视野（上）[M].童蕴芝，译.北京：中国劳动社会保障出版社，2010：85.

[②] 全燕.基于风险社会放大框架的大众媒介研究[D].武汉：华中科技大学，2013：18.

[③] PLOUGH A, KRIMSKY S. The emergence of risk communication studies: social and political context [J]. Science, technology, and human values, 1987, 12 (3&4).

映"①。普罗（Alonzo Plough）与克里姆斯基（Sheldon Krimsky）等美国学者用更为简练的语言将风险传播定义为"将风险信息告知公众、协助制定决策和化解冲突的沟通行为"②。美国学者罗宾格（Otto Lerbinger）则认为，风险传播通过为公众提供充分的风险信息与背景知识，让人们有能力参与潜在风险的对话并加入风险决策，其终极目的在于创造一个参与性的、理性的及有解决问题能力的合作群体。③

认识风险传播首先要面临四个问题：一是媒体该如何呈现风险议题并形塑受众的风险认知；二是风险论述由谁支配；三是风险责任的归属；四是风险知识与风险无知是谁生产的。要回答这一系列问题，大众媒体必须发挥四项基本功能：第一，风险告知功能，即通过风险议题的设置推动受众关注并了解风险知识，从而使受众提前了解风险信息并主动寻求风险解决之策；第二，态度改变功能，即改变风险制造者与承受者的态度与风险接纳度；第三，冲突缓解功能，即通过受众的参与对与风险有关的冲突起到缓解作用，从而保障公共安全；第四，合法化功能，即借由塑造包括政府组织与各种社会力量在内的各个行为体合法化的风险管理，强化社会资本、重建社会信任与公义。

在风险传播过程中，记者的报道融合了科学与政治的双重价值。在风险社会，大众媒体有责任为受众参与风险对话提供充分的风险信息与背景知识，营造一个开放、理性与以解决问题为导向的讨论平台，从而切实有效地推动风险传播。互动、参与的风险传播不仅能够提高公众对于争议性科技的理解，并且在公众参与的过程中将形成一个公众信任的建构过程。

在风险传播主题上，国内的研究大多从风险社会中大众媒体扮演的角色入手探讨双方的互动关系，而将风险社会与媒体社会责任直接关联的研究相对较少。曾繁旭等学者以"风险社会放大框架"为理论基础，探讨了环境风险如何经由信息过程、制度结构和个体反映等三重机制的影响而得以放大。作者指出，要实现有限的风险沟通，首先应建立信任，其次才是针对风险信息传播

---

① KEENEY R L, WINTERFELD D V. Improving risk communication[J]. Risk analysis, 1986, 6(4).
② PLOUGH A, KRIMSKY S. The emergence of risk communication studies: social and political context[J]. Science, technology, and human values, 1987, 12(3).
③ LERBINGER O. The crisis manager: facing risk and responsibility[M]. Mahwah, NJ: Lawrence Erlbaum, 1997.

所做的沟通。① 张志安与冉桢则以"风险的社会放大"为理论视角，梳理了三种风险沟通的研究路径：一是个体认知—行动路径；二是个体—组织关系路径；三是文化价值认同路径。作者据此指出，风险沟通的传播效果受到公众行为、社会语境及风险决策者自身情况等多重因素的影响。此外，作者还指出：专业媒体是风险放大的重要因素，它们大量的风险报道点燃了公众的愤怒情绪，却未对风险的解决提供任何支持。② 对于媒体在风险社会中扮演的角色，马凌在《新闻传媒在风险社会中的功能定位》中做了更为明确的论述：因为风险社会的知识化、网络化与媒介化等结构性特点决定了大众媒体在风险社会中的中心位置。通过风险预警、风险报告与风险化解等手段，大众媒体可能放大风险、转嫁风险甚至制造风险。此外，作者还提出了一个新概念，那就是"有组织的不负责任"。所谓"有组织的不负责任"，是指大众媒体制度上的"不负责任"也会产生一种新风险。这样一来，风险社会中大众媒体应承担的协商、协调与合作的社会功能就被凸显出来了。③ 从制度机制上说，如果媒体组织及其成员只对自身负责，就可能造成风险影响范围的扩散。从这个意义上说，"风险"与媒体的关系呈现出一种悖论：一方面，高度不确定的"风险"需要借助媒体予以呈现；另一方面，囿于传播机制与风险语境的信息传播本身，媒体的风险传播可能导致风险的放大或另一种风险。传播的价值悖谬与传播效果的逆转形成了风险传播的悖论，风险的"不确定性"、媒体的"风险预言"以及受众的"风险想象"凸显并强化了传播的悖论。

五、气候传播

气候变化议题融合了气象学、气候学、地理学、地质学、生态学、农学等自然科学，亦涵盖经济学、政治学以及国际关系等社会科学的专业知识。自1979年第一次世界气候大会在日内瓦召开以来，全球气候风险越发加剧，对自然和生物系统造成了巨大的冲击。有鉴于此，人们更为关注气候变化问题，更希望了解其内涵、成因以及由此造成的后果，从而更清楚地了解自己在解决气

---

① 曾繁旭，戴佳，王宇琦.技术风险VS感知风险：传播过程与风险社会放大[J].现代传播，2015（03）：40-46.

② 张志安，冉桢."风险的社会放大"视角下危机事件的风险沟通研究——以新冠疫情中的政府新闻发布为例[J].新闻界，2020（06）：12-19.

③ 马凌.新闻传媒在风险社会中的功能定位[J].新闻与传播研究，2007（04）：42-46.

候变化问题过程中应当采取何种态度与行动。然而，自20世纪90年代起，美国在气候变化问题上兴起了一场有组织、有资助的"否认气候变化运动"，这也直接导致"气候怀疑论"时至今日在美国仍然根深蒂固。[①] 这场反对运动的拥护者主要是趋向保守的智库、共和党政治人物、产业机构、否认气候变化的科学家以及一些媒体。"否认气候变化运动"在意识形态上持保守态度，认为应对气候变化的行动会对他们的意识形态目标造成威胁。[②] 因此，只有通过气候传播才能将气候知识传递给公众，促进各方共同应对气候变化。

与"环境传播"相比，"气候传播"这一概念更为丰富，因为"气候问题是环境问题，也是发展问题，归根结底是发展问题"。由此可以看出，气候传播不仅是环境传播问题，更是发展传播问题。作为一种风险传播现象，"气候传播"旨在将气候变化的信息及相关的科学知识为社会公众所理解和掌握，并通过公众态度和行为的改变开展以寻求气候变化问题解决为目标的社会传播活动。换言之，气候传播是一种有关气候变化信息与知识的社会传播活动，以气候变化的解决为旨归。[③] 因此，气候传播既是解决气候变化问题必不可少的舆论手段，亦是在应对气候变化过程中不可替代的传播手段。气候传播作为一项涉及范围很广的社会传播活动，有着十分重要的理论价值和实践意义，主要体现在以下三个方面。

第一，对气候传播现象进行理论概括和系统阐释。气候传播旨在对气候传播现象进行科学的理论概括和系统的理论阐释，从而形成有关气候传播的科学理论，构建气候传播学科的理论框架与知识体系，为气候传播进入科学领域，成为一门具有科学内涵、符合学术规范的相对独立的学科奠定理论基础。

第二，对气候传播知识进行社会传播与推广。由于气候传播是借由传播使气候变化信息及相关科学知识为社会公众所理解并掌握，并通过公众态度和行为的改变，使气候变化问题得到解决的。因此，气候传播的目的就在于更为有效地向公众普及与宣介气候变化信息与知识，从而唤起全社会对气候变化的关注，提高公众参与气候传播实践的热情，最终减缓气候变化的进程。

---

① DRYZEK J S, NORGAARD R B, SCHLOSBERG D.The Oxford handbook of climate change and society [M]. Oxford: Oxford University Press, 2011.

② COLLOMB J D. The ideology of climate change denial in the United States [J]. European journal of American studies, 2014, 9 (1).

③ 郑保卫. 气候传播理论与实践——气候传播战略研究 [M]. 北京: 人民日报出版社, 2011: 5.

绪 论

第三，为政府、媒体、企业和非政府组织等提供有关气候传播的学术支持。气候传播不仅需要公众的参与，还需要全社会的共同关注与努力，特别是政府、媒体、企业与非政府组织的参与及各方的良性互动，以实现合作共赢的目标。

由以上可以看出，气候传播不仅反映了人类应对气候变化的现实需要，也体现出深刻的理论必然性，业已从科学议题扩大为事关国家利益的经济与政治议题，这一点在国际气候谈判中表现得尤为突出。自气候议题出现以来，包含政府、企业、学界、非政府组织与公众在内的各方处于既合作又博弈的状态，气候传播成为一种必然。大众媒体借由气候变化议题的设置可以唤起公众对于气候变化议题的关注度，提升他们应对气候变化的自觉性。而要实现这个目标，理论的指引必不可少，传播学理论与全球气候变化的结合直接催生了气候传播理论的诞生。

自1995年起，国际气候谈判围绕《京都议定书》展开。在谈判过程中，发展中国家与发达国家之间存在着严重分歧，争辩贯穿始终。令人欣慰的是，《京都议定书》于2005年生效。但由于一些发达国家没有履行承诺的诚意，因此议定书的落实遭遇到诸多困难，进展殊少。因此，2007年12月在巴厘岛举行的第13次缔约方大会便被各方寄予厚望。经过各方激烈的博弈，美国在最后一刻同意在"巴厘路线图"上签字。2009年底在哥本哈根召开的第15次缔约方大会吸引了25,000名代表参会，是历史上规模最大的一次气候谈判。然而，这次会议上中国等发展中国家提出的"人均累计排放"原则、气候变化公平原则、共同但有区别责任的原则都未能得到应有的尊重。哥本哈根气候大会未能完成"巴厘路线图"的谈判任务，也没有达成具有法律约束力的成果。不过需要指出的是，大会形成的《哥本哈根协议》为日后的谈判打下了一定的基础。21世纪以来，随着气候变化进入各个国家、地区和城市的政策议程，气候科学与气候政策引发了广泛的关注。然而，颇具讽刺意味的是，舆论在气候变化这一事实以及人类活动这一诱因上仍然呈左右摇摆之势。2007年，全球金融危机引发了一场自20世纪30年代经济大萧条以来最严重的经济下行，公众对于提振经济的关切远远大于气候变化，这也就是评论家说的"启示疲劳"。

大众对于气候变化议题的态度变化使我们不得不重新思考最近20年里将气候议题转化为公共议题的努力是否有效。尽管大众在应对气候变化上的参与程度尚不够高，但这并不意味着他们对气候变化议题毫不关心。相反，这只说明了一个问题：迄今为止，媒体的气候传播远远没有达到预期效果。事实上，要应对气候变化，气候传播必须与政策、经济与基础设施等方面相结合，因为仅仅提升公众的气候意识并增加他们对气候议题的讨论热情并不能直接带来个人行为或政策的变化。因此，为了实现更好的传播效果，媒体在气候传播中应扮演五种角色：

第一，气候变化议程的设置者。媒体的信息传播和新闻报道常常会赋予各种议题不同的显著性，以影响人们对周围世界的"大事"及其重要性的判断。[①] 在气候变化议题上，媒体的议程设置功能表现得极为充分。设置气候变化议题是媒体在气候传播中的重要功能。通过气候传播，媒体可以唤起政府、社会组织、企业与公众的风险意识，并采取应对策略与措施。

第二，气候变化知识的解释者。由于气候变化横跨自然科学与社会科学，很多专业知识大大超出了普通公众的理解。因此，媒体必须借助各种手段对与气候变化有关的科学知识进行阐释与解读，将其用大众更容易接受的方式进行传播。

第三，气候变化问题的监督者。在全球化过程中，各个国家都出现了高耗能以及环境污染的现象。媒体有责任对这些问题进行曝光，从而履行舆论监督的责任。这样一来，不仅公众能够及时了解导致气候变化的深层原因，政府也能够对其加以关注并采取必要的措施。

第四，国际气候谈判的推动者。作为一种制度性传播，各国媒体在进行气候报道时必然会纳入国家利益与社会价值观念，站在本国的立场进行国际传播，从而推动谈判主体更为有效地进行协商。

第五，应对气候变化行动的沟通者。在应对气候变化的过程中，媒体扮演了宣传者与沟通者的角色，宣介了联合国框架下各国政府的气候政策，为提升公众的气候意识起到了启蒙与教育的作用。同时，媒体还沟通了世界各国政府，促使其分享各自的气候治理经验，从而推动全球气候治理。

---

① 郭庆光.传播学教程［M］.北京：中国人民大学出版社，1999：214.

六、气候话语

"话语"的概念最早源于语言学,然而,与语言学家的微观视角不同,社会话语理论家更加看重话语在社会现实、社会关系与自我身份等方面的建构作用。诚如霍尔所言:"话语成了普遍的术语,用来指称把意义、表象和文化视为构成性的任何途径。"① 福柯的观点更为具体:"话语具有建构性力量,是为了一定目的而表述出来的论证性语言,话语的形成、传播、转换与合并等必然会引发一系列社会因素的变化。任何脱离'话语'的事物都不存在,人与世界的关系归根结底是一种话语关系。"② 在福柯的基础上,英国学者费尔克拉夫创造性地提出了话语与社会变迁的研究范式,并尝试采取批判性话语分析法揭示话语与社会之间的关系。批判性话语分析法包括三点:一是对文本的分析;二是对文本的生产、消费与分配过程的分析;三是对一个完整的语言使用活动的社会文化影响分析。③

气候话语不仅是气候信息的科学传播,还是一种风险话语的传播。所谓"风险话语",是指直接涉及风险议题的、有结构的、有影响的、不断变化的集体叙事,这一叙事体现了我们对于风险的认知与想象。④ 如此一来,媒体就给多元利益主体提供了气候话语竞争的场域。如何呈现气候风险?气候变化议题如何被建构?受众如何被媒介气候话语所"规训"?这些问题都需要话语批评理论揭示气候变化议题媒介化的本质。如何从生态批评视域入手,通过生态话语批评分析和政治经济学分析,解构气候报道中的话语、权力与意识形态的关系逐渐引起了学术界的关注。在权力的想象与构成上,话语与修辞的联系变得异常紧密,"在消费社会的资本与媒介的双重逻辑驱动下,《纽约时报》将全球气候变化的风险治理策略性地转换为碳交易议题,在意识形态层面迎合了西方消费主义的商业逻辑,体现了环境报道的修辞策略"⑤。"不同时期、不同权力阶

---

① 霍尔.表征[M].徐亮,陆兴华,译.北京:商务印书馆,2003:6.
② 郭小平.风险社会的媒体传播研究:社会建构论的视角[M].北京:学习出版社,2013:87.
③ 赵凌.媒介·话语·权力·身份:"农民工"话语考古与身份生产研究[D].杭州:浙江大学,2013.
④ 景军.泰坦尼克定律:中国艾滋病风险分析[J].社会学研究,2006(05):123-150.
⑤ 郭小平.环境传播中的风险修辞:"委婉语"的批判性解读[J].新闻与传播研究,2012(05):25-33.

层透过语言修辞获得了某种乔装打扮的支配力量,从而有效发起了意识深处的'修辞运动'。"①在一些第三世界的环境新闻记者看来,气候变化其实是西方媒体建构出的一种话语体系,与发展中国家实际面临的生存与发展等问题之间存在巨大的鸿沟,抹杀了现有不平等的国际资源分配与消费秩序,在文化上表现出浓厚的"环境东方主义"的色彩。②

从研究角度和研究方法来看,气候话语与社会现实二者间互为建构,而"认知"则是这种互构关系得以形成的中介。作为符号学的源头之一,修辞学可以与批评话语分析结合,揭示气候传播中权力和意识形态如何呈现符合主体原有认知框架的话语。在这个过程中,隐喻、意象、语境等因素都成为气候报道中的重要修辞资源。与话语研究的功能主义视角不同,生态话语批评旨在揭示气候话语中的气候概念、权力主张与意识形态的关系,为探究媒体气候变化议题报道的叙事策略和气候话语的建构提供的批评视角和理论资源。

第四节 "他者"气候报道与气候正义

通过文献梳理我们发现,过往《纽约时报》的气候报道主要关注气候变化是如何唤起美国民众与政府的气候变化意识并推动美国国内气候治理的,较少关注"他者"的气候形象及其对全球气候治理的意义。而在涉及中国等发展中国家的气候报道时又普遍存在泛政治化的倾向,弱化了它们参加国际气候谈判与治理的诚意和努力,回避了美国媒体剥夺发展中国家阐释真相的话语权这一事实。研究认为,以中国、印度、巴西等为典型代表的"他者"与以美国和欧洲为代表的"自我"共同构成了全球气候变化的图景,都应被纳入媒体的媒介议程。在气候报道中,《纽约时报》如何再现与建构"他者"是媒体社会责任在气候风险传播中的具体表现。

---

① 刘涛.新社会运动与气候传播的修辞学理论探究[J].国际新闻界,2013(08):84-95.
② 王积龙,路鹏程,黄康妮,等.中美环境新闻记者气候报道知识之比较研究——一种第三世界生态批评的阐释[J].新闻与传播研究,2016(12):25-37.

一、创新性

第一,研究由《纽约时报》的"他者"报道视角切入,借助风险社会放大框架理论,探讨了《纽约时报》气候报道中的媒体社会责任,为研究气候报道中美国媒体社会责任的可持续发展提供了新的契机与进路,丰富了美国媒体"他者"报道的研究视角与样本。

第二,研究从《纽约时报》的"他者"维度探究美国媒体社会责任发展的进路,区别于现有美国媒体社会责任的自发性,有助于我们考察美国媒体"他者"气候报道中的媒体社会责任变化是源于微观的传播理念层面,抑或是宏观的国际政治、经济与文化等层面。

第三,研究以人类面临的气候风险为背景,突破了《纽约时报》过往在气候报道中基于地缘政治视角的意识形态思维的局限,从"生态正义""代际正义""族群正义"等角度分析了美国媒体的气候报道是否实现了从"国内视域"向"全球视域"的转向,以及美国媒体,各国政府、非政府组织,各国企业与公众等各个行为体之间的风险话语权力博弈。

第四,研究采用LDA主题模型分析(Latent Dirichlet Allocation),有两大优势:一是将语义关联添加在传统话语分析的基础上,可以在不引用外部词典相似度计算方法的条件下解决一词多义和一义多词的问题,识别大规模气候变化话语潜藏的主题信息,使得话语分析更加专业;二是针对"他者"气候变化这一特殊话语类型,可以降低数据维度,同时稳定参数空间规模,泛化能力较强,因而能够显著减少庞大的数据计算量,提升运行效率。

二、难点

第一,由于LexisNexis数据库以"气候变化"(climate change)为关键词无法涵盖《纽约时报》1990—2018年所有的气候报道,因而搜集的"他者"气候报道的完整性有所欠缺,对《纽约时报》塑造"他者"的框架分析、话语分析与LDA主题模型分析的普遍性有一定的影响。此外,由于《纽约时报》大部分气候报道的篇幅较长,研究只能选择其中比较有代表性的事实与观点加以分析,要实现研究的全面性与客观性尚有一定难度,这也是今后研究可以完善的地方。

第二，定性分析与定量分析这两种研究方法在内在逻辑的衔接上尚有不小的提升空间，这也影响了研究结果的信度和效度。此外，研究在案例的选取以及框架类目归纳的典型性与完整性方面有一些不足之处，在未来的研究中可以加大定量研究的投入，使得话语的分析更具统计学意义。

第五节 "他者"气候报道研究方法

一、框架分析

框架分析作为一种十分重要的社会学定性研究方法，是对知识形成过程进行定位、解读并质疑的一种方式。所谓"框架"，是人们对自己的生活经验进行积极的分类、组织和解释，进而对已经发生的事件和信息加以定位、识别、确认与标记的过程。通过对某一议题框架策略的观察，我们至少能够部分地揭示知识生产过程中的一些基本前提、假设与看法。此外，对某一议题框架策略的分析能够为行动与政策制定提供具体的建议与指导。在气候报道中，框架分析对于气候变化议题如何被理解、质疑与叙述具有重要的影响。作为西方学界研究媒体气候报道的主要范式，框架分析不仅通过气候报道的文本分析和话语分析研究框架，还研究"框架建构者"与"框架赞助商"，探寻影响框架背后的学界、政府与各个利益方如何对气候变化议题加以建构。

本研究将框架分析作为《纽约时报》报道中的语言符号、事件、影响、归因与评估等问题的研究策略，具体操作步骤为：第一，选择《纽约时报》1990—2018年所有涉及"他者"气候变化的报道；第二，在对这些报道进行细致阅读的基础上，建构出12个类目，并给出操作性定义；第三，在对每篇报道进行编码的基础上将具体的话语纳入对应的类目中；第四，对类目进行统计分析，提炼出框架；第五，结合相关背景，对框架做进一步分析讨论。由于每一篇气候报道的话语角度可能不止一个，因此研究将选择居主导地位的报道角度。12个类目及操作性定义如下：（1）影响框架：气候变化对"他者"在生态、经济及地区安全等方面造成的影响；（2）国内政策框架：美国或"他者"国内单方面出台的气候变化政策；（3）国际政策框架：国际社会就气候变化进行的气候谈判与合作,尤其是以中美为代表的发展中国家与发达国家的合作;(4)责任框架:美国在全球碳减排任务上对"他者"国家应承担的责任;(5)会议成果框架:国际社会在联合国政府间气候变化专门委员会制定的框架下进行的缔约方大会(COP)上取得的会议成果;(6)行为框架:国际气候会议场内场外人员的行为框架,区别于言论,比如游行示威等;(7)科技框架:用以应对气候变化的科技发明框架;(8)冲突框架:"他者"国家与美国等不同利益方的对立与冲突;(9)人权框架:由气候变化衍生出的人权问题,多以"他者"国家因气候变化所遭受的一系列危机为例;(10)预测框架:对国际气候谈判结果所做的预测,或对气候适应与气候治理发展方向的预测;(11)经济框架:气候变化与"他者"国家经济问题的关联以及造成这种经济问题的背景分析;(12)处理措施框架:国际社会针对气候变化提出的解决方案。研究在第一次编码结束后,再用复证的方法来检验信度,重新分配任务,对同一篇话语进行二次编码。

二、话语分析

话语分析是研究语言的一种方法,通过对使用的语言进行观察,探索语言的组织特征和使用特征,并从语言的交际功能和语言使用者的认知特征等方面解释语言使用中的制约因素。话语分析的根本目的是揭示语言如何帮助我们理解世界并改变社会现实的。狭义的话语分析聚焦于微观层面的话语、修辞与语词的使用,而广义的话语分析则在于凸显话语在产生与运作过程中蕴含的意识形态、阶级、政治、经济与性别等深层权力的斗争关系。[①]

法国哲学家福柯在《知识考古学》与《规训与惩罚》等著作中对"话语"的内涵进行了阐释,赋予了其本体地位。按照福柯的话语理论,话语是"用来解释陈述的有规律的实践,其本质是一种社会实践。话语远远超过了符号范畴,不能简单地将其视为涉及内容或表征的符号,而应将其看作系统地形成这些话语所言及对象的实践"[②]。据此,福柯阐释了知识—权力的关系,提出了"权力制造知识;权力和知识是直接相互连带的;不相应地建构一种知识领域就不可能有权力关系,不同时预设和建构权力关系就不会有任何知识;话语

[①] 李敬.传播学领域的话语研究——批判性话语分析的内在分野[J].国际新闻界,2014(07):6-19.
[②] FOUCAULT M. The archaeology of knowledge[M]. London: Routledge, 1992.

作为社会关系的产物，蕴含着隐性的权力"①等观点。荷兰学者梵·迪克（van Dijk）第一次将话语分析与传播学研究结合在一起，认为它们应合二为一，因为大众媒介本身就是一种公众话语。在后现代的景观下，现代人要走出依赖媒介演绎现代文化的困境，就必须跳出"媒介中心论"的圈子，站在更高的社会文化体验的角度批判性地考察媒介话语对人的经验与文化创造的"统治"，而话语分析恰好为这种"统治"提供了祛魅的路径。

本研究的话语分析由微观入手，对《纽约时报》"他者"气候报道的标题、导语及正文的词语选择、修辞手法及情感态度等进行深入分析，探寻"他者"在气候风险传播中呈现出的形象变化以及与"自我"之间的关系演变。不仅如此，研究还将运用符号学、结构主义与语言学等理论分析《纽约时报》气候报道中"他者"的话语结构与话语权力，探寻对"他者"意义的不同解读与话语中蕴含的意识形态力量。通过对《纽约时报》的新闻话语与"他者"身份的建构，着力揭露话语内部的"自我"与"他者"之间的权力斗争策略，对话语权力进行解构。通过以超句单位为基础的宏观结构的语义分析，即对大于句子意义的连贯文本进行分析，研究《纽约时报》是如何实现"他者"的再现与建构的。换言之，研究的话语分析将"他者"置于具体的气候变化与气候治理的语境中加以理解。从另一个角度说，话语分析就是要跳出《纽约时报》新闻话语规定的框架，突出质疑与质询，"旨在探索话语的运作、构建及其生产意义的方式，并且最终确定话语的各种意义"②。

三、LDA 主题模型分析

研究发现了两个主要问题：第一，国内外对"气候变化"的考察采用质性研究方法较为普遍，较少在微观层面对气候报道的话语进行系统归纳总结与统计分析；第二，对于《纽约时报》"他者"气候报道中的社会研究更多是从批判话语入手，少有结合数据方法对"他者"话语进行分析。梵·迪克认为，学术界对于新闻话语的研究大多流于经验性描述或文献记载，依然停留在较为浮

---

① 福柯.规训与惩罚：监狱的诞生［M］.刘北成，杨远婴，译.北京：生活·读书·新知三联书店，2003：前言.
② 伯顿.媒体与社会：批判的视角［M］.史安斌，译.北京：清华大学出版社，2007：48.

泛的宏观层面，带有较强的印象主义色彩。①

而本研究采用的 LDA 主题模型分析通过挖掘话语的潜在语义，将话语表示为固定主题集上的概率分布，能够较为有效地发现语义之间的潜在关联并实现理想的话语降维效果，从而使聚类结果更为实用。研究将 LDA 主题模型用于气候报道，能够较为科学准确地对《纽约时报》气候报道中的"他者"形象进行话语聚类分析，研究不同阶段"他者"形象分布特点，从而更为全面系统地在媒介话语层面挖掘"他者"形象的流动与变迁，完善已有的研究，并为美国媒体社会责任研究提供一种新的视角。

研究以世界知名新闻数据库 LexisNexis 为取样源，通过对该数据库进行查询，得到 1990—2018 年《纽约时报》新闻标题中包含"气候变化"的报道共计 1153 篇，再通过二次检索得到所有涉及"他者"（亚、非、拉等发展中国家和地区）的报道共 141 篇。基于 R 语言进行简单分词、去停用词处理（停用词过滤）、向量化、LDA 主题模型分析及可视化等步骤，对"他者"的形象变化进行分析，并产生四大主题。之后，运用词云图进行主题领域分析，运用词频比重可视图及词项相关度量化输出对主题结构进行分析。研究采用 RStudio 中的 topic models 包（package）进行 LDA 建模，然后对话语进行参数训练和主题抽取，计算主题强度分布。研究中 LDA 主题模型的实现遵循以下步骤：（1）采集《纽约时报》1990—2018 年涉及"他者"的气候报道，整理汇总成气候变化话语库；（2）运用自然语言处理 text2vec 创建包括词语、词频、文档频次的表格；（3）设置最低词频、词频范围及文档提及数，修剪词汇表；（4）向量化并生成 DTM 矩阵（document term matrix）及 TCM 词共现矩阵（term concurrence matrix），实现话语定量化输出；（5）生成词云图，最终实现 LDA 交互式可视化并得到主题强度。

第六节 "他者"气候报道研究思路与框架

《纽约时报》气候报道中对于"他者"气候形象的媒介话语建构反映了它

---

① 迪克.作为话语的新闻[M].曾庆香，译.北京：华夏出版社，2003：7.

的媒体社会责任。这种媒体社会责任会影响美国公众与政府对于"他者"的态度、立场与情感，进而影响各国在全球气候治理上的博弈。《纽约时报》气候变化议题中的"他者"媒介建构体现的社会责任不仅与气候风险传播有关，还受到宏观的国际政治、经济、文化与意识形态等因素的影响。气候风险如何得以呈现？气候变化议题如何被建构？受众如何被媒介气候话语所"规训"？这些气候变化议题媒介化的本质问题都需要话语批评理论进行揭示。如何从生态批评视域入手，通过生态话语批评分析和政治经济学分析，解构气候报道中的话语、权力与意识形态关系逐渐引起学术界的普遍关注。

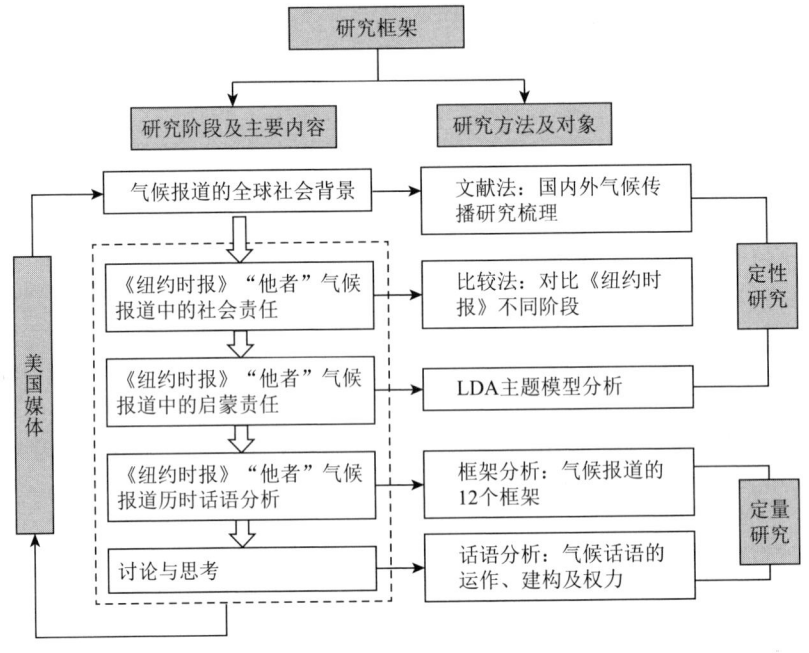

图 X-2 "他者"气候报道研究框架

本研究从风险传播的视角切入，采用框架分析、话语分析及 LDA 主题模型分析等研究方法，从《纽约时报》气候报道中的"他者"形象建构考察美国媒体社会责任的发展与变迁，共由六章构成：第一章是气候报道研究的全球社会背景，对国内外气候变化媒体报道研究前沿和基础知识的分析与把握是研究能够进行并深入的基础与前提。本章通过文献梳理，建构气候报道研究领域的知识谱系，对当下学术界有关"气候报道与'他者'建构"这一研究的趋势进行再现,并对气候报道中的"他者"形象建构的研究成果进行总结与梳理,从而为研究奠定较为扎实的基础。第二章对气候传播中《纽约时报》的媒体社会责任、"他者"气候报道中的社会责任的现实基础、"他者"气候报道中的社会责任的伦理基础以及以"他者"气候报道中的社会责任挑战进行了分析。第三章研究《纽约时报》"他者"气候报道中的启蒙责任,通过对主题强度、主题领域与主题结构进行 LDA 主题模型分析、情感分析,发现"他者"报道量的螺旋式上升以及报道框架的日趋多元化,看出《纽约时报》在气候报道中的风险启蒙与预警上所履行的社会责任整体呈上升趋势,"他者"在《纽约时报》的气候报道中也从"缺场"走向"在场"。第四章通过话语分析,观察《纽约时报》在报道"他者"气候治理所体现的媒体社会责任,通过对《纽约时报》1990—2018 年四个阶段的"他者"气候治理责任的媒介话语进行历时性分析,看出以中国和印度为代表的发展中国家的形象并非是一成不变的,而是随着时间的推移不断变化的,分析这种差异化的形象建构背后究竟蕴含着怎样的国际政治、经济、文化与意识形态的博弈。第五章是在多维视域下考察"他者"气候报道中的美国媒体社会责任,从风险启蒙、工具理性等角度剖析这类报道的社会责任与价值。第六章是"他者"气候报道研究反思与展望,从气候外交维度剖析美国"他者"气候报道中的媒体社会责任变化的实质并指出:这种报道频率、数量与框架的变化并不意味着美国媒体真的从"国内视域"走向了"全球视域",报道的变化只不过是为了适应美国气候治理与气候外交的功利性媒介话语,不能从根本上推动全球气候治理的实现,并呼吁"他者"国家加强合作,提升国际话语权。

第一章　气候报道研究的全球社会背景

气候变化对世界各国的生存与发展都造成了巨大挑战，而新闻媒体是了解这一全球风险的主要信息来源。新闻媒体报道不仅涵盖生态变化和气候科学，而且关注气候变化的社会层面。本章以国内外媒体气候报道的前沿研究以及气候变化基础知识的分析与把握为前提，通过文献梳理，对气候报道研究领域的知识谱系进行建构，对当下学术界有关"气候报道与'他者'建构"这一研究的趋势进行再现，并对气候报道中的"他者"形象建构的研究成果进行总结与梳理，从而为后续研究奠定较为扎实的基础。

第一节　气候报道研究的知识图谱

气候报道是气候传播的有机组成部分，而气候传播作为应用传播学研究体系中的一个新兴分支，是气候学中将气候变化与传播学相融合的交叉研究，具有显著的政治性、公共性与全球性等特点。关于气候变化议题的新闻传播学研究经历了一个从现象到本质的嬗变过程，实现了从早期的气候信息科学传播到当下气候议题的意义建构转向，围绕气候变化这一全球公共议题所展开的话语与权力的博弈业已成为研究各国媒体气候报道的重要面向。

本研究通过查阅世界综合性期刊引文数据库 Web of Science 核心数据库和中国知网（CNKI）期刊数据库，以"知识网络—研究框架—重要议题"为研究路径，以文献计量学与内容分析法为研究手段，对国内外气候报道的研究概况、研究视角与研究方法进行总结，对气候变化议题的媒介建构以及气候报道中的话语与权力等重要议题做深入分析，旨在厘清当下气候报道的研究脉络与研究重点。

一、国内外气候报道研究的知识图谱

为了全面了解国内外气候报道领域的最新研究成果,学者秦静将 Web of Science 核心数据库和中国知网(CNKI)期刊数据库作为中英文文献来源数据库,之后以"climate change communication + media coverage""climate change communication""气候报道""气候传播"作为关键词,将 2017 年 12 月 31 日设为截止日,删除重复与无效样本,共获得 359 篇英文文献和 205 篇中文文献(图 1-1)。

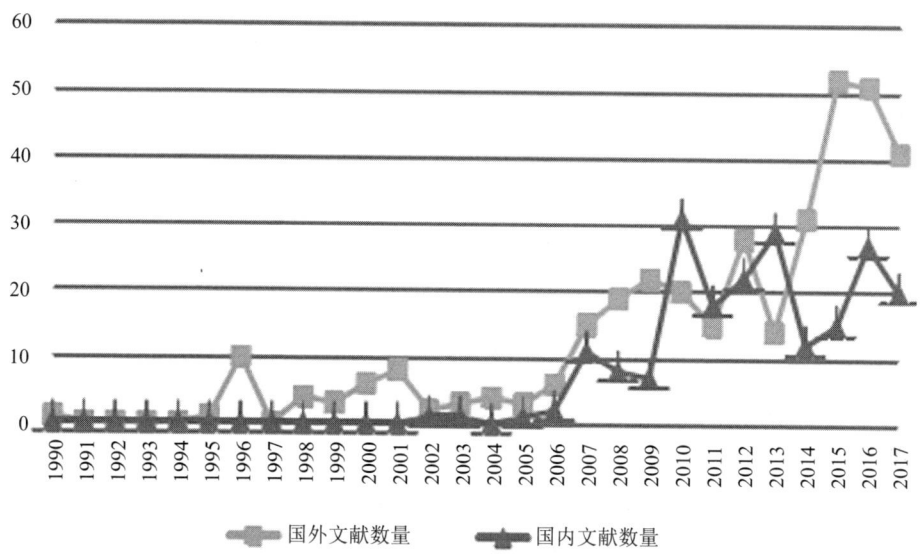

图 1-1 气候报道研究国内外文献比对(单位:篇)[①]

国外的气候变化报道研究可以从研究发展脉络、研究视角和研究方法等三个方面进行考察,其研究关键词共线图谱见图 1-2。

第一,研究发展脉络。国外的气候报道研究始于 20 世纪 90 年代初,彼时学者们主要关注媒体气候变化议题的报道策略及其对公众气候风险认知的影响。加拿大学者昂加尔(Sheldon Ungar)较早地注意到全球气候变化议题媒介

---

① 秦静.国外纸媒涉华气候变化报道中的中国国家形象研究(2007—2017)[D].上海:华东师范大学,2018.

图 1-2　国外气候变化报道研究关键词共线图谱

关注度的变化,认为全球气候变化关注度的升降与极端天气事件息息相关。[①] 美国学者麦克马斯(Katherine McComas)与沙南(James Shanahan)通过对《纽约时报》和《华盛顿邮报》1980—1995年气候报道的研究,从媒介叙事的角度对唐斯的议程周期模式进行了进一步的验证,在唐氏议题五阶段的基础上将议题的周期性变化总结为三个阶段:上升期、维持期和下降期。[②] 2000年7月,美国《公众理解科学》从政治、文化、科学与公众参与等角度对媒体气候报道进行了探讨。如美国学者泽尔(Stephen Zehr)就通过研究美国主流报纸1985—1995年气候变化议题的报道发现,科学争议成为这一阶段最主要的话题。[③] 美国学者安蒂拉(Liisa Antilla)也在研究中证实了美国报纸在报道中重视气候变化的科学不确定性与争议性。[④] 2000—2007年,媒体开始从科学

---

① UNGAR S. The rise and decline of global warming as a social problem [J]. The sociological quarterly, 1992, 33 (4).

② MCCOMAS K, SHANAHAN J. Telling stories about global climate change: Measuring the impact of narratives on issue cycles [J]. Communication research, 1999, 26 (1).

③ Zehr S C. Public representations of scientific uncertainty about global climate change [J]. Public understanding of science, 2000, 9 (2).

④ ANTILLA L. Climate of scepticism: US newspaper coverage of the science of climate change [J]. Global environmental chance, 2005, 15 (4).

传播视角对气候报道加以审视。由于气候风险的全球化特点使得媒体气候变化报道研究总是与联合国气候大会息息相关,因此自 2007 年"巴厘路线图"通过后,国外关于媒体气候变化报道的研究量显著提升。与此同时,气候变化议题也开始由科学话题进入全球政治与外交话语体系,学者们从政治传播的视野对其进行研究。比如意大利学者帕斯卡(Federico A. Pasquaré)等学者就通过对意大利《共和报》和《晚邮报》的对比研究发现:前者侧重构建公众在应对气候变化采取行动的共识,而后者则努力将气候变化问题的紧迫性最小化。[①] 2011 年开始,气候变化报道的研究呈现出各种角度的反思与对比。挪威学者艾达(Elisabeth Eide)等对挪威两家报纸关于巴厘岛气候峰会的报道进行了内容分析,探索了气候变化议题本土化的路径。[②] 除了案例研究之外,一些学者在效果研究方面突破了议程设置理论的局限,比如美国学者哈特(Sol Hart)运用主题式框架和片段式框架进行研究,就气候报道对北极熊的生存影响进行分析并指出:主题式框架大大提高了人们对政府承担缓解气候变化责任政策的支持。[③] 不仅如此,在气候大会取得重要进展的年份,如 2009 年(举行哥本哈根气候大会)、2012 年(举行多哈气候大会)、2015 年(举行巴黎气候大会),相关的研究量都有一定的提升,分别发表 22 篇、28 篇与 52 篇论文。德国学者纳瓦拉(Irene Neverla)认为,气候变化的宏大叙事以及人类如何应对之问题不仅是西方媒体关注的议题,而且将作为全球议题持续下去,并驱动气候报道研究向新的阶段迈进。

第二,研究视角。国外气候变化的媒体研究视角主要集中于四个方面:一是对媒体气候变化议题的报道框架和报道策略进行研究,主要关注欧美等国的主流媒体,从新闻实践角度探究媒体关于气候变化议题的报道规范以及媒体在气候传播中发挥的作用;二是从认知社会学的视域出发,探究气候报道的价值观念、国家政策与文化等影响因素;三是媒体对公众气候风险认知影响的研究,主要从议程设置的角度分析气候报道对公众在气候变化的认知、态度与应

---

① PASQUARE F A, OPPIZZI P. How do the media affect public perception of climate change and geohazards? an Italian case study [J]. Global and planetary change, 2012, 9(3).

② EIDE E, YTTERSTAD A. The tainted hero: frames of domestication in Norwegian press representation of the Bali climate summit [J]. The international journal of press/politics, 2011, 16(1).

③ HART P S. One or many? the influence of episodic and thematic climate change frames on policy preferences and individual behavior change [J]. Science communication, 2011, 33(1).

对行为上的影响;四是以解构主义为哲学基础,从批评政治经济学的视角考察气候报道中多元利益主体的话语博弈,基于修辞学、符号学等理论考察不同信息传播主体的话语建构机制、话语框架差异和说服策略,从而揭示气候生态话语背后权力与政治及经济因素的复杂勾连。此外,还有不少研究从国际政治与国际关系的角度入手,对气候报道与国家形象塑造的关系进行考察。

第三,研究方法。国外学者主要基于框架理论、议程设置理论、修辞学理论与场域理论等研究方法对气候报道中的文本、电视节目、广告与纪录片等进行内容分析、批评话语分析与文化分析,从而观察媒体气候报道的框架策略与不同传播主体在建构气候风险议题上的话语权争夺。此外,他们还基于大众传播效果理论、社会认知理论及风险传播理论,通过问卷调查法、访谈法和心理认知实验模型建构等就气候报道对公众气候风险认知影响进行了验证。①

相对而言,国内有关气候变化报道研究的理论范式与理论方法借鉴了西方学术界的传统。值得注意的是,国内气候变化报道研究的关键词共线分析显示,我国学者通常从国际政治学角度对气候变化报道与国家形象塑造进行探究,研究关键词共线图谱见图1-3。

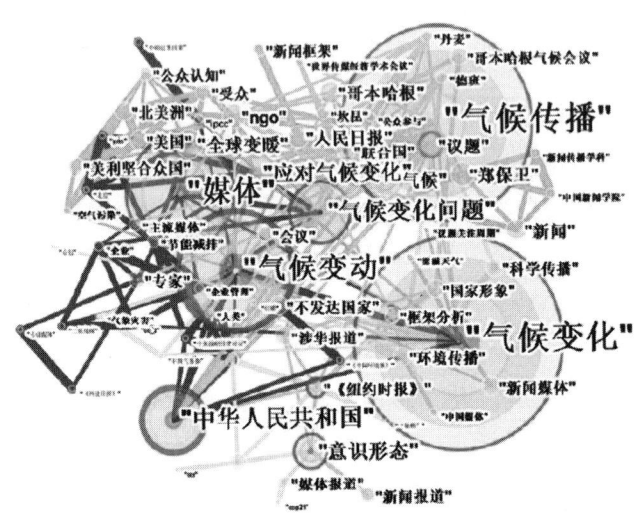

图1-3 国内气候变化报道研究关键词共线图谱

---

① 秦静.国外纸媒涉华气候变化报道中的中国国家形象研究(2007—2017)[D].上海:华东师范大学,2018.

由图 1-3 可以看出，国内气候变化报道研究以《纽约时报》《人民日报》等国内外主流媒体的涉华报道为主要关注对象，涉及科学传播与环境传播等领域。随着国际气候谈判和气候外交越发受到国际社会的关注，气候变化议题逐渐融入国际政治、经济视域，气候变化报道中的话语与意识形态的联结成为关注的焦点。20 世纪 80 年代以来，不同主体基于各自立场对气候变化进行了不同的阐释，原本属于科学领域的气候变化议题的政治性日益凸显，与经济、地缘政治、国家安全、国家利益等要素的结合越来越紧密，"气候政治"的概念随之出现。所谓"气候政治"，是指"国际社会为解决全球气候变暖所做的各种政治努力"[①]。此外，气候变化也已成为国际关系和外交场域的重要议题，"气候外交"屡见报端。所谓"气候外交"，是指国家参与国际气候谈判和全球气候治理行动，与其他国家在气候领域进行的合作与对话。[②] 由于气候变化议题的特殊性，一国在国际气候谈判、国际协议及气候治理国际行动中的立场和表现成为影响国际社会评价其国家形象的重要维度。

二、气候变化议题的媒介框架分析

随着国际社会逐渐认识到"气候变化是人类活动的结果"，气候报道因此超越科学范畴，被放在更为宏大的政治、经济与文化等场域中加以考察。在这个过程中，媒介框架逐渐成为气候报道媒介化研究的主要范式。通过分析不同媒体在气候变化议题上的呈现方式与话语框架，我们能够看出媒体在气候变化议题上的报道策略与话语操控机制，并从科学、政治、文化与新闻运作等多个方面揭示影响框架建构的因素。

第一，气候变化议题的建构框架。从整体上看，气候报道的媒介框架可以分为"通用框架"和"具体议题框架"。[③] 比利时学者莫诺（Renée Moernaut）等人将气候变化议题的媒介框架分为七大类，分别为不确定性/冲突框架、经济和技术框架、危言耸听/灾难框架、责任框架、道德与伦理框架、健康与安

---

① 王书明，旷萍. 国内气候政治研究进展述评 [J]. 科学与管理，2014（02）：6.
② 张超，周怡. 气候公共外交的必要性及其对外传播策略 [C]. 新闻学论集，2013（02）：38.
③ DE VREESE CH. News framing: theory and typology [J]. Information design + document design, 2005, 13（1）.

全框架以及转变框架。① 德国学者威斯勒（Hartmut Wessler）等人在话语与图像聚合的基础上提出了多模态新闻框架、全球气候变化受害者框架、民间社会诉求框架、政治谈判框架与可持续能源框架。② 美国学者波尔森（Toby Bolsen）与沙皮洛（Matthew A. Shapiro）则对《纽约时报》的气候变化框架做了梳理，并将其归纳为科学共识/科学不确定框架、经济后果框架、环境后果框架、道德/伦理框架、灾难框架、政治冲突框架、国家安全框架、公共卫生框架、自我效能框架、外部效能与反应效能框架等11种。③ 然而，当下的气候变化框架研究具有非穷尽性与非互斥性，因此存在一定的混乱，导致不同研究之间无法进行全面深入的比较。

国内学术界也在气候变化的报道框架研究上做了不少尝试。孙少晶等学者通过对2005—2015年中国5家主流报纸关于气候变化的1248篇报道进行内容分析，确立了冲突框架、合作框架、人类利益框架、责任归属框架、影响框架以及领导力框架等6种框架。④ 中国台湾地区学者陈光璞在对台湾《联合报》1998—2007年气候报道的研究基础上指出：媒体报道议题呈现多元化，先以风险成因与冲击框架为主，之后转为冲突与归因框架，最后以治理框架为主；媒体在报道气候变化时大多采用单一视角，对于公众价值呈现不多。⑤ 陈潇潇基于风险的社会放大理论和框架分析理论对全球气候变化议题进行分析后发现：在风险议题框架的使用上，美联社更多使用风险反思议题框架，而新华社则更多使用风险调控议题框架；在新闻通用框架上，美联社更多使用冲突框架，新华社则更偏好责任框架。两家媒体都十分关注气候变化的灾难性后果与气候风险的争议，自我利益是风险报道的共同视角。⑥ 纪莉等人则通过气候正义视角关注气候变化的伦理维度并指出：中国作为最大的发展中国家和最大的碳排放

---

① MOERNAUT R, MAST J, PAUWELS L. Framing climate change: a multi-level model. Handbook of climate change communication, 2017, 4（1）.

② WESSLER H, WOZNIAK A, HOFER L, LUCK J. Global multimodal news frames on climate change: a comparison of five democracies around the world［J］. The international journal of press/politics, 2016, 21（4）.

③ BOLSEN T, SHAPIRO M A. The US news media, polarization on climate change, and pathways to effective communication［J］. Environmental communication, 2017, 12（2）.

④ HAN J, SUN S, LU Y. Framing climate change: a content analysis of Chinese mainstream newspapers from 2005 to 2015［J］. International journal of communication, 2017, 3（11）.

⑤ 陈光璞.媒体报道的风险议题与风险沟通——以全球变暖议题为例［D］.台北：世新大学，2010.

⑥ 陈潇潇.全球变暖风险的国际媒介建构——以中美通讯社报道为例［D］.武汉：武汉大学，2010.

国，在气候传播中应使用气候正义框架。①

对于气候变化议题框架建构的影响因素，现有的研究大多从政治、经济、文化、媒介语境与新闻生产等方面入手。英国学者安德森（Alison Anderson）从国际气候变化的媒介报道研究角度指出，"结构主义""文化主义"与"政治经济学"三条路径是分析影响媒体气候报道科学话语建构的语境因素。② 英国学者卡瓦略（Anabela Carvalho）认为，建构"危险"的气候变化话语不仅有政治因素，还有意识形态因素。③

大量的研究表明，在气候变化议题的媒体报道中，框架的选择与消息源紧密相关。美国学者博伊科夫（Maxwell Boykoff）指出，美国主流媒体在进行气候报道时，通过引用气候变化反对声音的消息源以"平衡"气候危机愈加严重的科学发现。然而，对消息源平衡的选择事实上造成了风险议题上有偏见的报道，导致大众话语与科学话语之间出现鸿沟。孙少晶等人关于中国五家主流报纸气候变化新闻报道的分析表明，媒体倾向于使用官方消息源，因为官方消息源具有丰富的政治文化资本，通常享有成为新闻媒体重要消息源的优先权。学者王积龙等人认为，就气候报道的新闻生产而言，中美环境记者引用的消息源都非常广泛而多元，但美国环境记者偏爱使用科学性消息源，而超过一半的中国环境记者更愿意采用环保机构的信息作为消息源。

总体而言，气候变化议题的媒介化促成了作为科学议题的气候变化的政治化表达，媒介框架理论成为气候变化议题中，研究媒体新闻报道的主要理论范式，消息源、政治经济、意识形态等成为影响气候变化媒介框架建构的主要因素。气候变化框架模型研究的规范化有助于不同气候报道研究间的深入比较以及框架理论的进一步完善，气候正义话语及框架在今后的国际气候传播中应受到更多重视。

---

① 纪莉，陈沛然.论国际气候变化报道研究的发展与问题［J］.全球传媒学刊，2016（04）：51-67.
② ANDERSON A. Media, politics and climate change: towards a new research agenda［J］, 2009, 3（2）.
③ CARVALHO A, BURGESS J. Cultural circuits of climate change: an analysis of representations of "dangerous" climate change in the UK broadsheet press 1985-2003［J］. Risk analysis, 2005, 25（6）.

三、气候报道中的话语与权力

气候变化议题的媒介建构不仅是气候信息的科学传播，还是多元利益主体竞争的场域。气候风险如何被呈现？气候问题如何被建构？受众如何被媒介气候话语所"规训"？这一系列问题都有待基于话语批评理论对气候变化议题媒介化本质的揭示。通过生态话语批评分析和政治经济学分析，解构气候报道中的话语、权力与意识形态之间的关系，逐渐成为学界关注的焦点。

修辞（Rhetoric）与话语在权力想象与构成方面有着紧密的联系。郭小平通过对环境新闻报道的生态话语进行批评分析，揭示了媒体操纵环境话语美化和掩饰消费社会的生态风险后果，并指出："在消费社会资本逻辑与媒介逻辑的双重驱动下，西方媒体将全球气候变化风险治理策略性地转换为碳交易经济议题，在意识形态层面迎合了西方消费主义的商业逻辑，体现了环境报道的修辞策略。"[①] 刘涛对近100年环境话语流变中有关"温室效应"等关键词的象征性表达进行研究，并指出："不同时期、不同权力阶层通过借助言语修辞而获得某种乔装打扮的支配力量，进而有效发起意识深处的修辞运动。"[②] 为了进一步达到意识深处的劝服效果，环境主义者往往采用某些集体共享的"意象"，这一过程同时指向了事物与事物、符号与意义、意义与语境之间的接合实践。[③] 基于深层生态学与第三世界生态批评视角，王积龙等学者阐释了中美气候报道存在差异的原因，并指出："在以中国和印度为主的第三世界环境记者看来，气候变化是西方建构起来的话语体系，与发展中国家环境保护面临的生存与发展等具体问题相去甚远，在传播实践上抹杀了现有国际资源分配与消费秩序的不平等。"[④]

从研究角度和研究方法的视域看，话语与社会现实之间存在一种互构关系。在这个过程中，认知扮演了搭建互构关系的中介角色。通过批评话语分

---

① 郭小平.环境传播中的风险修辞："委婉语"的批判性解读[J].新闻与传播研究，2012（05）：25-33.
② 刘涛.环境传播的九大研究领域（1938—2007）：话语、权力与政治的解读视角[J].新闻大学，2009（07）：104.
③ 刘涛.新社会运动与气候传播的修辞学理论探究[J].国际新闻界，2013（08）：84-95.
④ 王积龙，路鹏程，黄康妮，等.中美环境新闻记者气候报道知识之比较研究——一种第三世界生态批评的阐释[J].新闻与传播研究，2016（12）：25-37.

析，研究者从修辞学角度阐述了气候传播中权力和意识形态如何呈现为符合主体原有认知框架的话语，隐喻、视觉图像、意指概念、意象、语境等要素都成了气候报道中的重要修辞资源。与话语研究的功能主义视角不同，生态话语批评旨在揭示气候话语包含的气候概念、权力主张与意识形态关系，为探究气候变化议题媒体报道的叙事策略和媒介话语气候的意义建构提供批判视角和理论资源。

第二节 气候报道中的"他者"国家形象研究

随着气候变化对人类社会生活的威胁日益加剧，它已由环境科学场域进入到国际政治场域，成为"全球共通的政治话语体系的一部分"[①]。随着国际气候谈判格局的变化与中国等国家在全球气候治理中的地位不断提升，气候变化与"他者"国家形象问题逐渐引起学界的关注。从整体上看，当前学界主要从政治、经济、军事、文化、体育等多重维度解构"他者"国家形象，但基于气候变化问题探讨气候风险争议中"他者"国家形象建构的相关研究较少。在中国知网（CNKI）以"气候变化＋国家形象""气候变化＋中国形象"为关键词进行主题检索，经去重整理后，共得到36篇相关研究文献（检索时间截至2018年12月31日）。检索发现，自2010年起，学术界才开始关注气候变化与中国国家形象研究。当前，很多研究从西方媒体如何基于气候议题构建作为"他者"的中国国家形象入手，考察中国国家形象塑造中存在的问题及影响因素，并探索气候变化视域下，中国对外传播话语体系构建的最佳路径。

一、气候变化与"他者"国家形象的关系研究

气候变化作为一个全球公共议题，已成为涉及政治、经济、外交等各方面的综合议题。学者们基于国家行为、气候政治、气候外交等理论资源与研究视角，就气候变化与国家形象塑造的关系、应对气候问题时国家形象塑造的实践意义等予以阐释。

---

① 纪莉，陈沛然.论国际气候变化报道研究的发展与问题［J］.全球传媒学刊，2016（04）：51-67.

赵斌从全球气候政治视野入手，考察了气候政治参与中的大国国际形象问题，他指出："气候政治参与行为与大国国际形象之间存在正相关与负相关两种关系。"中国作为崛起中的大国，为建构"负责任大国"身份，总体上应积极参与国际气候政治进程，提升国际形象。① 张丽君则从政治学视角切入并指出：在全球环境治理背景下，应对环境问题已经超越了国家的界限，一国的环境问题与环境行为都会对世界其他地区产生"外溢效应"，一国的环境行为是否有益于全球环境治理成为评价国家形象的重要标准。② 通过观察重大国际问题上中国国家形象塑造与国家行为之间的关联，张晓耘指出："随着全球气候问题的凸显和国际气候博弈的日渐活跃，中国应对气候变化的表现已成为影响中国国家形象的重要因素。"③

还有一些学者从气候外交的角度探讨了气候变化议题中的中国国家形象塑造，比如翁青青指出："气候问题成为国家和国际社会之间博弈的新焦点，气候外交问题对国家的身份构建具有重大意义，为各国（尤其是大国）寻求优势领域、建立或重拾国际关系话语权提供契机。"④ 郭秀清等学者指出："由于环境问题涉及社会、政治、经济、文化与道德等多个维度，因此必须制定积极的环境战略，大力开展环境外交，努力构建'负责任大国'形象。"⑤ 张超和周怡等学者从对外传播层面论证中国实践气候公共外交的必要性，认为"气候问题是关涉国家形象的重大政治问题"，尽管中国在气候治理上的态度和措施是积极而富有成效的，却被一些西方媒体塑造为"碳排放大国"形象，出现了"中国气候威胁论"。研究指出：除了传统的气候外交以外，中国应大力实施去官方色彩的气候公共外交，并与其他外交政策和行动相配合，从而提升中国气候治理行动在国际媒体上的关注度、可信度和认可度，有效改善中国气候治理上的国

---

① 赵斌.大国国际形象与气候政治参与：一项研究议程［J］.天津行政学院学报，2013（04）：50-57.
② 张丽君."弃用核能"的政策选择与德国国家形象的塑造［J］.河南师范大学学报（哲学社会科学版），2012（02）：47-50.
③ 张晓耘.基于国家行为理论的国家形象塑造：以中国应对气候问题为个案［D］.上海：复旦大学，2010.
④ 翁青青.气候外交话语中的隐喻和身份建构——以英国、加拿大、中国在历次气候大会上的发言为例［J］.当代亚太，2013（05）：139-156.
⑤ 郭秀清，杨学慧.环境问题与中国国家形象的构建［J］.理论导刊，2010（03）：105-107.

家形象。①

二、气候报道中的"他者"国家形象建构及其影响因素研究

通过梳理当前的学术研究现状可以发现，传播学视角下的气候变化与"他者"国家形象研究主要以实践应用为导向，以建构主义理论和大众传播效果理论等为基础，沿着"现象—对策"路径，对气候报道中的"他者"国家形象的媒介呈现、建构策略及其影响因素等方面进行较为深入的研究。

第一，气候报道中"他者"国家形象的媒介呈现。气候报道中以中国为代表的"他者"国家形象一直是学界关注的焦点。学者们指出：在应对气候变化方面，中国等国家应呈现出"关心人类未来""遵守国际规则""自主减排目标明确""兑现减排承诺""愿意增强透明度""积极参与国际合作""维护发展中国家整体利益"等形象②；然而与中国媒体建构的"气候谈判积极的缔造者和播种者""中国大国风范责任担当"的正面形象不同，西方媒体更多呈现出一种消极、负面的中国国家形象，如"全球最大的温室气体排放国""能源消费的巨人""国际气候谈判的背离者""全球气候治理的威胁""哥本哈根气候大会的阻碍者"等，在国际舆论中建构了中国的负面形象。

第二，气候报道中"他者"国家形象的建构策略。对于西方媒体气候报道中的"他者"国家形象的建构策略问题，很多研究者从气候话语与气候政治等宏观视域出发，分析议程设置、议题关注周期与媒介框架等中观理论模型，遵循内容分析、话语历史分析、批评隐喻分析等微观路径，考察气候报道中中国国家形象的建构策略及其驱动力。郭小平通过对《纽约时报》所涉中国气候报道的内容分析发现：《纽约时报》对中国的气候报道数量近年来不断提升，然而却通过强化与弱化、话语置换与议题转移等叙事策略，塑造了"中国的环境污染是全球气候变暖的主要因素"的媒介形象。③借助"议题关注周期"的理论模式，邱洪峰发现美国的主流媒体常常将中国视为气候变化议题的症结，这

---

① 张超，周怡.气候公共外交的必要性及其对外传播策略 [C].新闻学论集.2013（02）：49-55.
② 唐书彪.气候传播：改变中国形象的突破口 [EB/OL].（2011-11-25）[2020-12-12].http://www.http://www.cma.gov.cn/2011xwzx/2011xqhbh/2011xdtxx/201111/t20111125_154910.html.
③ 郭小平.西方媒体对中国的环境形象建构——以《纽约时报》"气候变化"风险报道（2000—2009）为例 [J].新闻与传播研究，2010（04）：18-30.

样的媒介偏见既有其内部因素，也有宏观的政治、经济与价值观因素。① 基于奥地利语言学家沃达克（Ruth Wodak）的话语历史分析方法（DHA），季丽珺通过对《华盛顿邮报》在哥本哈根气候会议报道中的中国形象建构发现：所指策略、提名策略、谓语策略、辩论策略、视角化策略、框架化策略以及话语再现策略等的大量使用，塑造了一个不负责任的有经济与军事威胁的中国形象。② 翁青青借助语料库与批评隐喻分析对中国、英国、加拿大在历次气候大会发言中的隐喻使用进行了比较研究，并指出：中国通过建筑隐喻和植物隐喻进行了积极的身份建构，因为建筑隐喻凸显了气候谈判机制的合理性、稳固性与长期性，而植物隐喻则揭示了气候治理的渐进性、可预测性和收获性。③

由于美国的《纽约时报》《华盛顿邮报》、英国的《卫报》《泰晤士报》等媒体集中体现了西方主流媒体对以中国为代表的"他者"形象的建构，因而成为学者们主要的研究对象。刘坤喆通过对英国《泰晤士报》《卫报》《独立报》《每日电讯报》的气候报道进行内容分析发现：在刻板印象、议程设置及意识形态等因素的影响下，英国媒体塑造了一个在气候治理方面总体上呈负面色彩的中国形象。④ 陈俊等学者运用批评话语分析对《纽约时报》建构的中国环境国际形象进行研究，并指出：作为全球最有影响力媒体之一的《纽约时报》在对中国环境进行报道时存在明显的偏见，在意识形态和价值观念上影响着国际舆论对中国环境问题的解读。⑤ 与陈俊等人的研究发现类似，李余三运用框架分析对《纽约时报》的中国环境议题的报道进行研究，指出《纽约时报》通过"标签化""政治化""感官化"等报道策略，塑造了一个污染严重、以"碳排放"为筹码谈判的中国国家形象。⑥ 吴彤和徐建华通过对《纽约时报》《卫报》

---

① 邱洪峰.美国主流报纸的中国环境形象建构："议题关注周期"视角［J］.新闻界，2015（09）：18-25.

② 季丽珺.气候话语与气候政治——《华盛顿邮报》关于哥本哈根气候会议报道中的中国形象的批评性话语研究［D］.镇江：江苏大学，2012.

③ 翁青青.气候外交话语中的隐喻和身份建构——以英国、加拿大、中国在历次气候大会上的发言为例［J］.当代亚太，2013（05）：139-156.

④ 刘坤喆.英国平面媒体上的"中国形象"——以"气候变化"相关报道为例［J］.现代传播，2010（09）：57-60.

⑤ 陈俊，王蕾.《纽约时报》涉华环境报道的批评性话语分析［J］.编辑之友，2011，（08）：126-128.

⑥ 李余三.《纽约时报》镜像下中国环境形象的建构——以涉华环境报道（2005—2014）为例［D］.武汉：湖北大学，2012：7-8.

《澳大利亚人报》1997—2012年关于联合国气候变化会议的气候报道进行研究发现：美国、英国和澳大利亚的主流媒体对中国温室气体排放和气候谈判形象的报道整体上持比较负面的态度，认为中国不仅"高居全球温室气体排放的首位"，并且"在谈判中阻碍了协议的达成"，但同时对中国气候治理的国内政策给予了比较高的关注和正面评价。[①]

第三，气候报道中"他者"国家形象建构的影响因素。研究者指出，新闻报道语篇的批判性研究有助于促使气候话语、意识形态和权力之间的关系透明化，结合宏观层面的国际政治、经济、外交语境，揭示气候报道中中国国家形象建构的影响因素。

首先，从国际政治经济格局来看，随着中国由"政治大国"向"经济大国"的国家形象转变，"西方媒体关于中国的报道衍生出能源威胁论、生态威胁论等论调"。张盼盼认为，"中国环境威胁论"在全球的传播损害了中国的国家形象，给中国的全球政治话语权带来了负面效应，给中国解决环境问题造成了巨大压力，损害了中国的环境利益，威胁了中国的环境安全。

其次，从国际传播格局来看，郭小平认为，导致西方主流媒体建构作为"他者"的中国的负面环境形象的主要原因包括"西方媒体往往采用'刻板'的框架理论对中国进行报道""中国媒体对本国环境现状的报道不具有说服力""中国媒体缺乏对西方生态环境报道的认识"。张丽君基于国际传播视角，从传播主体、传播渠道、传播方式三个方面对"中国气候威胁"的国际形象的成因进行分析，指出"中国气候威胁形象的形成在于多元国际传播主体的合力塑造、多样化传播渠道的共同传播以及符合国际受众情感和道德观的传播方式"[②]。

总体而言，西方社会对中国政治经济发展的固有偏见、中国环境友好型和负责任大国形象的传播力和影响力不足，共同造成了气候变化议题领域中国国家形象塑造的困境。

[①] 吴彤，徐建华.基于内容分析法的气候变化报道国际比较[J].北京大学学报（自然科学版），2016（02）：327-335.

[②] 张丽君.中国气候变化形象形成的国际传播学分析[J].华东师范大学学报（哲学社会科学版），2013（07）：87-93.

三、"他者"气候变化问题对外传播话语体系建构研究

随着气候变化问题的媒介化、政治化,"他者"国家气候变化议题逐渐进入国际政治与外交话语体系,如何完善以中国为代表的"他者"国家的气候议题对外话语体系,形成有效的气候外交传播策略,需要学界有针对性地进行研究。张海滨指出:假使中国不提升应对气候变化问题的力度,"中国负责任大国的形象"将面临崩塌的风险,亦无法通过国际气候治理合作实现可持续发展。[①] 张丽君指出:为对抗西方媒体所谓的"中国气候威胁",中国应建立有效的国际传播模式,争取更多的气候外交话语权,这对塑造中国在气候变化议题上的正面形象有着十分重要的意义。[②]

在理论维度,刘涛指出:"新概念强调对外话语内容的符号创新,新范畴强调对外话语结构的框架创新,新表述强调对外话语表达的形式创新。三者相互配合、勾连与互动,可在修辞学意义上发挥积极作用。"[③] 郑保卫提出了中国气候对外传播话语体系架构,涵盖"展示中国政府应对气候变化的立场和决心""妥善处理好节能减排、环境保护与国家经济社会发展的关系""达成气候变化的科学共识""建构包括政府、媒体、NGO、企业、公众在内的应对气候变化的五大行为主体""加强核心概念和重要议程的传播""发挥媒体的积极功能,打造多元传播主体网络""推行气候变化公共外交战略""完善国际舆情采集系统"等八个方面。[④]

在实践维度,郑保卫与宫兆轩指出:中国媒体在气候传播与环保形象建构方面应采取更加积极、有效的策略,"进一步明确中国环保形象的定位""政府作为气候谈判和气候传播主体要积极提供消息源""政府要积极参与不同社会机构、团体的气候传播活动,建立有效的互动机制""建立多层次的传播主体,形成传播合力,突出气候传播的人性化和真实感""提高公众的气候变化认知

---

① 张海滨.环境与国际关系[M].上海:上海人民出版社,2008:94.
② 张丽君."弃用核能"的政策选择与德国国家形象的塑造[J].河南师范大学学报(哲学社会科学版),2012(03):47-50.
③ 刘涛.新概念 新范畴 新表述:对外话语体系创新的修辞学观念与路径[J].新闻与传播研究,2017(02):6-19.
④ 郑保卫.我国气候变化问题对外传播话语体系建构[J].对外传播,2014(11):21-23.

水平，推动全民传播与全民参与"，从而实现更好的气候传播效果。[①] 张志洲则从话语权的角度入手，指出：中国媒体应"针对气候问题的科学性，让中国的气候话语更加多元化""针对国际伦理，更好地阐述中国在气候问题上的道义承担"，不断增强中国媒体气候报道的国际话语权。[②]

总体来看，随着气候变化议题进入国际政治与外交话语体系，以及中国在全球气候治理中重要地位的日益凸显，气候变化领域已成为影响和塑造中国国家形象的重要领域。但相较于学术界关于国家形象的丰硕研究成果，该领域的相关研究甚少。现有研究中，国际政治经济视角下的气候话语和气候政治为气候变化领域中国国家形象建构提供了宏观研究背景，议程设置、媒介框架理论等理论资源为气候变化领域中国国家形象建构提供了中观理论模型，内容分析、批评话语分析等研究方法为气候变化领域中国国家形象建构提供了微观分析路径。

从目前来看，气候变化与中国国家形象塑造的研究还存在一些不足之处：第一，研究主要集中于气候变化领域国家整体形象的研究，但笼统地论述国家整体形象难以呈现气候变化领域"他者"国家形象的复杂性与多元化，因为气候问题是一个涉及政治、外交、生态、文明等多方面的复杂问题。今后的研究应延伸至气候变化领域国家形象研究的多项子维度，从而勾勒出国家形象复杂的内涵维度，完善国家形象的基础理论建构。第二，当前，对于国外媒体涉华气候报道中的"他者"国家形象的研究过度集中于以《纽约时报》《华盛顿邮报》等为代表的西方主流媒体，这种研究脱离了气候变化议题地缘政治性的本质以及全球化时代"他者"国家形象的多元意义维度与语境。随着"他者"国家的崛起与世界政治经济格局的重塑，开展跨地缘政治区域的"他者"国家形象研究就显得十分必要了，因此本书探究国外媒体气候报道"他者"国家形象的建构策略、话语模式与意识形态的关系，以勾勒出气候变化领域中"他者"国家形象知识权力网络，并提供在气候报道中优化"他者"国家形象的路径和策略。

[①] 郑保卫，宫兆轩. 从德班气候大会看中国气候传播与环保形象建构[J]. 对外传播，2010(09): 17-19.

[②] 张志洲. 提升气候问题传播的话语质量[J]. 对外传播，2010(09): 20-32.

第二章　媒体社会责任视域下美国媒体的气候报道

1988年，美国的极端天气导致了热浪与干旱，引发了大规模的"社会恐慌"，以《纽约时报》为代表的美国媒体不得不关注气候变化议题。[①] 尽管此后气候变化议题的新鲜度和戏剧性有所减弱，但美国媒体一直对气候风险以及它的科学不确定性给予了特别关注。在很长一段时间内，"科学不确定性"成为美国媒体在气候报道中采用的主要框架。1991年，《纽约时报》刊载题为《全球暖化之辩升温》一文，对美国社会就"气候变化规模不确定性"这一问题所做的辩论展开讨论并在开篇写道："1988年，美国科学家汉森在国会听证会上向我们传达了'世界日益暖化'的事实，但我们想知道两个答案：一是'地球现在究竟有多热？'；二是'气候变化的速度究竟有多快？'"

当气候变化成为全球性风险时，美国媒体只有从媒体社会责任的维度出发，才能客观真实地再现"自我"与"他者"的风险图景与风险治理，更好地认知全球气候变化的现状，并尽量减少气候变化对社会发展造成的不利影响。气候风险内在的危害性、不确定性、非经验性、全球性等特征使得大众媒体扮演了重要的风险传播与风险沟通的角色。尽管美国媒体在政治倾向、意识形态与受众群体等方面不尽相同，但它们在对气候变化议题的关注上却保持着高度的一致性。

---

① UNGAR S. The rise and decline of global warming as a social problem[J]. The sociological quarterly, 1992, 33（4）.

第一节　媒体社会责任：传播绝对自由的祛魅

要了解"媒体社会责任"这一概念，首先必须厘清"责任"一词的内涵。在古汉语中，"责任"的含义是由"责"与"任"这两个字共同构成的。其中，"责"有四种含义：（1）责任、职责；（2）责问、责备；（3）责罚；（4）索取。①"任"除了有任用、职位与信任等含义外，还有责任与担当的意涵。②而在现代汉语中，"责任"更多被视为一个整体，有三种含义：一是指尽责的品质和状态；二是指所要承担责任的事情；三是指应受的谴责和制裁。③"责任"在西方起源于拉丁文"respondo"，意为"我作答"，代表行为主体有能力为自身的行为及其后果承担责任。美国技术哲学家米切姆（Carl Mitcham）将责任与人的善行联系在一起，并指出："人行善就是指他充当应上帝召唤而负责任的人……就我们回答上帝对人善的启示而言，我们的行为是自由的……因此人的善总是在于责任。"④当代英语中，"responsibility"与"accountability"常常被翻译为"责任"，两者的不同是：前者是指"一个人对其工作、职位和行为必须承担的正式责任"；后者则是指"当一个人处于某一特定职位时，公众有权利对其进行批评，而其本人亦有责任对与其职位有关的事情向公众解释"⑤。从语义层面看，责任是指行为主体对其行为及行为产生的后果的担当与职责。从哲学层面看，责任与因果关系联系紧密。更具体地说，就是"责任的最一般、最首要的条件是因果力，即我们的行为会对世界造成影响；其次，这些行为都受到行为者的控制；最后，在一定程度上，责任能预见后果"⑥。从伦理层面看，责任一直是伦理中最基础与核心的概念，很多问题若绕开责任则无从讨论。自古希腊以来，德谟克利特、亚里士多德、康德与韦伯等学者从哲学层面对"责

---

① 夏征龙.辞海［M］.上海：上海辞书出版社，1999：34，620.
② 夏征龙.辞海［M］.上海：上海辞书出版社，1999：620.
③ 贺琛.传播伦理——新闻传播者的道德责任研究［M］.西安：西安交通大学出版社，2016：29.
④ 米切姆.技术哲学概论［M］.殷登祥，曹南燕，等译.天津：天津科学技术出版社，1999：93.
⑤ 麦克米伦高阶美语词典［M］.北京：外语教学与研究出版社，2003：1199.
⑥ JONAS H. The imperative of responsibility［M］. Chicago, IL: University of Chicago Press, 1984.

任"进行了深刻探讨。德谟克利特秉着理性的、快乐主义的态度将公共利益与公共的善作为责任的基础;亚里士多德认为人可以为自己的行为负责,因为他们有自由选择的权利;康德认为,责任是全部道德哲学的核心与善良意志的体现,一切负责任的行为正是因为有善良的意志才有道德价值;德国社会学家韦伯第一次从伦理学的视域对"责任"一词加以考察,并对"信念伦理"与"责任伦理"这两种伦理形式予以考证,认为前者是指行为者只考虑善的动机,导致的后果只是上帝的安排,即宗教意义上的"基督徒行公正,让上帝管结果";而后者则是指行为者必须考虑自身行为可能导致的后果。韦伯认为:"能够深深打动人心的,是一个成熟的人(无论年纪大小),他能意识到自己行为产生后果的责任,真正发自内心地感受到这一责任。然后他遵照责任伦理采取行动,在做的时候他说:'这就是我的立场,我只能如此。'"① 在韦伯之后,美国的范伯格(Joel Feinberg)、库珀(Terry Cooper)、肯尼迪(Donald Kennedy),英国的费舍尔(John Martin Fischer),法国的列维纳斯(Emmanuel Levinas)以及德国的约纳斯(Hans Jonas)等学者均从各自的维度对责任伦理进行了探讨,并对"远距离责任"和"未来责任"进行了伦理拷问。

  对于"责任"一词所做的历时性讨论极大地推动了 20 世纪美国社会对媒体社会责任的探讨。美国政论家李普曼(Walter Lippmann)1922 年所著的《舆论学》开启了这场大讨论,厘清了媒体、政府和公民三者间的关系。1944 年,芝加哥大学校长哈钦斯(Robert Maynard Hutchins)成立了美国新闻自由委员会(又名哈钦斯委员会),在自由主义传播理论的基础上提出了"有良知"的传播社会责任。② 1947 年,哈钦斯委员会出版的报告《一个自由和负责任的传播界》(*A Free and Responsible Press*)对于媒介的社会责任进行了解释:"公众不仅有期待媒体报道事实的权利,而且有'了解事实背后的真相'的权利。"换言之,公众不仅有了解真相的权利,而且还有要求媒体厘清与解释真相的权利。美国学者兰贝斯(Edmund B. Lambeth)将该报告称为"20 世纪最重要的媒体文件",并认为"无论媒体从业者关注与否,它都从哲学层面将功利主义

---

① 韦伯. 学术与政治 [M]. 冯克利, 译. 北京: 生活·读书·新知三联书店, 1998: 116.
② CHRISTIANS C G, FERRE J P, FACKLER P M. Good news: social ethics and the press [M]. New York: Oxford University Press, 1993.

带入了媒体实践"①。同年，哈钦斯委员会成员豪金（William Ernest Hocking）出版的著作《新闻自由：原则框架》（*Freedom of the Press: A Framework of Principle*）向美国社会发出了一个重大预警：若大众媒体不能忠实履行其负有的社会责任，政府将不得不对其进行监管，只有将公民的权利和公共利益纳入新闻业者的考量范畴，传播自由才能够继续作为一种权利存在下去。1956年，西伯特（Fred S. Siebert）、彼得森（Theodore Peterson）和施拉姆（Wilbur Schramm）等人合著的《报刊的四种理论》（又译《传媒的四种理论》）对媒体社会责任进行了全面而系统的阐述，从宏观的视角勾勒出大众传媒与社会的联结，一经出版，便"成为最畅销的非虚构类书籍"②。在美国传播学者麦金泰尔（Jerilyn S. McIntyre）看来，媒体社会责任是"在集权主义威胁下'《纽约时报》所具有的新责任'"③。自提出伊始，媒体社会责任就一直扮演着新闻自由理想卫士的角色，为美国社会创造了一个适合新闻自由发展的精神文化氛围，规范了大众媒体在服务社会上应该承担的义务，并给这种义务贴上了"社会责任"的标签。④

1980年，联合国教科文组织发布了题为《多种声音，一个世界》的报告，吹响了构建世界信息与传播新秩序的号角，主张在国际社会开展"自由且平衡"的信息流动，并呼吁联合国教科文组织资助南半球国家大力发展通讯社，以平衡由西方国家主导的传播格局。报告指出："如果没有基本的结构性变化，要让全球绝大部分人享受技术与传播发展的红利是不太可能的。"⑤也正因为此，美国媒体社会责任的视域才有了从"国内社会"向"全球社会"转向的现实性。兰贝斯呼吁记者在报道时应形成态度上的"'他者'面向"，并充分考虑到记者的个人行为与媒体实践对于"他者"的影响。在过去的几十年里，传播学者与新闻从业者对于大众媒体履行社会责任的期待是一以贯之的。尽管媒体社会责任研究尚有许多不足之处，但其所具有的"他者"视角却极富启发

---

① FRIEDMAN S M, VILLAMIL K, SURIANO R A, EGOLF B P. Alar and apples: newspapers, risk and media responsibility [J]. Public understanding of science, 1996, 5（1）.

② 严晓青. 媒介社会责任研究：现状、困境与展望 [J]. 当代传播, 2010（02）：38-41.

③ MCINTYRE J S. Repositioning in a landmark: the Hutchins commission and freedom of the press [J]. Critical studies in mass communication, 1987, 4（2）.

④ 王怡红, 宁新. 论美国社会责任论的发展及其局限 [J]. 现代传播, 1993（03）：36-44.

⑤ MACBRIDE. Many Voices, One World: Report by the International Commission for the Study of Communication Problems [M]. Paris: Kogan Page, 1980.

性，因为这种视角在传播实践中纳入了公共利益的价值取向，认为媒体有免于被政府干预的自由。媒体社会责任理论鼓励媒体与公民携手合作，以避免市场因素的垄断。

一、自由的边界

17—18世纪，自由主义传播理论风行美国，该理论强调个人理性、言论自由、出版自由及宗教信仰自由等天赋人权。然而，无限度的传播自由必然会导致思想与社会的混乱。因此，"媒体社会责任"理论在20世纪40年代甫一出现，旋即在美国社会引发了一场集体讨论，并促成了"大众媒体应对全社会承担公共责任"的共识。在新闻自由委员会成立之前，美国社会对新闻自由的探讨主要集中在"免于……的自由"（freedom from）的消极自由层面。而委员会成立之后，新闻自由的定义转向了"做……的自由"（freedom for）的积极自由层面。从这个意义上说，媒体社会责任是自由主义传播理论的"救赎者"。媒体社会责任理论认为，新闻自由不单意味着传播的权利，更蕴含着媒体的传播责任与义务等深层内涵。媒体、公众、政府三方既是权利的主体，又具有不同的利益目标，唯有三方的权利与义务都得以充分体现，新闻自由才能成为现实。人既是个体的存在，亦是社会的存在，个体责任唯有在社会中方能产生真正价值，因为人类彼此之间存在责任关系。①

媒体社会责任理论廓清了传播自由的边界，赋予了传播自由的责任和义务。媒体社会责任明确指出：传播自由并非绝对的自由，不加任何约束的传播自由就像一匹脱缰的野马，会妨害个体自由的实现；传播自由的理念并非服务于特定个人或组织，而是要为社会大众谋取福祉与公义。因此，传播自由必须将公共利益与公共权利考虑在内，唯有如此，才能确保自由不会偏航，自由的理想不被滥用。英国法学家丹宁（Alfred Denning）对此总结道："报纸不仅享有新闻自由的权利，也有承担为公众服务的责任。"②

媒体社会责任理论对自由主义传播理论做了以下补充：

媒体社会责任理论指出传播自由必须借由"他律"而非"自律"方能实现。在"自律"与"他律"的问题上，施拉姆（Wilbur Schramm）认为，新闻

---

① 陈力丹.自由主义理论和社会责任论[J].当代传播，2003（03）：4-5.
② 丹宁勋爵.法律的训诫[M].杨百揆，刘庸安，丁健，译.北京：法律出版社，2011：122.

自由是相对的，而控制报刊则是法律的任务。鉴于媒介自律具有较高的不确定性，美国一批民间自发性的新闻行业伦理评议组织自20世纪60年代以来建立了一套独立于政府和媒体之外的全国性民间监督媒体组织，如"媒介研究中心""公正与精确报道组织""精确媒体组织"等，其评论员会定期在电视网和有线新闻节目中对媒体提出批评。[①] 这些民间监督组织由各种形式的媒体、媒介监督行动者和媒介监督研究者共同组成，对限制观点、控制消息源、新闻报道中的偏见、广告的负面影响、媒体的并购、媒体与国家间的关系、新闻报道中的歧视、受众媒介素养的提升等议题进行评议与监督，鼓励受众承担媒体监督的主要责任。此外，媒介监督研究者还通过定期撰写研究报告的方式评价与反思监督的过程，因为"业内组织对于不当报道所做的直接调查的谴责是很少的，总是大事化小，不了了之"[②]。

二、理性的瑕疵

美国传播学者罗斯（Carol Reuss）认为：在传播实践中，媒体不能总是高举《美国宪法第一修正案》来为其不负责任的行为开脱。媒体不应不加限制地传播种族主义和极端主义的仇恨言论，因为那无异于在人头攒动的剧院里大喊"开火！"罗斯的观点得到了许多美国学者和民众的认同：新闻自由固然应保证人人都享有发声的权利，但这并不意味着大众因此获得了撒谎、散布流言的授权。无节制的自由不仅会妨碍社会道德观念的形成与发展，还会对社会的和谐与稳定构成巨大威胁。大众媒体必须意识到：若要充分发挥其社会功能，自由和责任二者不可偏废。由此可以看出，媒体社会责任理论是对自由主义传播理论的修正，主要体现为以下两点。

第一，理性是有瑕疵的。

在自由主义的信徒们看来，大众传播理应成为"观点的自由市场"，只要赋予受众充分的自由就不同观点进行交流与交锋，真理就会越辩越明。然而，历史的经验表明：并非所有人都是理性的，换言之，并非所有人都愿意在实践中运用理性。媒体社会责任理论认为，单纯的辩论并不能让真理水落石出，因

---

① 迟慧广.美国网络媒体批评的发展和特点[J].中国广播电视学刊，2014（03）：74-89.
② 章敬平.不得不重视——从信息时代媒体对隐私的侵犯看媒介的自律和他律[D].杭州：浙江大学，2007：24.

为即使一方在论战中处于下风,也不太会承认自己站在真理的对立面,因此人的理性不是绝对可靠的,是有瑕疵的。媒体在教育大众、培养格调和引导舆论等方面的社会责任不应被忽略。

第二,责任与自由是不可分割的有机体。

在媒体社会责任理论者的眼中,权利和自由是相对的,无节制的自由既是乌托邦也是梦魇。美国学者彼特森(Theodore Peterson)指出:"按照媒体社会责任理论的观点,言论自由建立在个人对其思想和良知负责的基础之上,是一项道德的权利,媒介自由绝不能以牺牲受众的自由为代价,公众有获取信息的知情权(right to know),公众的自由高于媒介的自由。"美国新闻自由委员会也指出:"言论自由是有条件的自由,如果它成为某些人煽动仇恨、散布诽谤和谎言的借口,或故意借言论自由来玷污真理的源泉,那么言论自由的正当性也就不复存在了。媒体只有在履行其应尽的道德义务时,才享有道德权利。一旦媒体不能为公众的知情权提供保障,它享有的特别保护也应随之消失。"媒体社会责任理论驳斥了"大众传播应不受任何外界限制"的观念,认为绝对自由就其本质而言是一种消极自由,而真正的积极自由是"有做……的自由"。与此同时,媒体社会责任理论者还认为媒体履行的社会责任不是针对媒介所有者等少数人的,而是面向社会大众的,即"大多数人的最大利益"。

三、媒体的问责与治理

在媒体责任这一问题上,传统的研究既没有对"媒体责任"一词予以清晰的界定,又缺乏对具体实施机制的研究和论证,结果只能陷入自律的窠臼。与此同时,大众媒体的迅速发展与商业化趋势使得"媒体问责"登上了历史舞台。法国学者贝特朗(Claude-Jean Bertrand)将"媒体问责"定义为"使媒体对公众负责的任何非国家的方式,媒体应对其利益相关者与受众负有责任"[①]。《麦克米伦高阶美语词典》将"责任"分为responsibility 和 accountability 两个词:前者是责任,后者是问责。美国学者霍奇斯(Louis W. Hodges)对此解释道:"所谓责任,是指媒体自发对传播行为与传播内容的真实性与准确性负责;所谓问责,则是指行政、立法、司法及其他外部因素对媒体的要求,具有一定

---

① APODACA C. The whole world could be watching: human rights and the media[J]. Journal of human rights, 2007, 6(2).

的强制性。"美国新闻自由委员会自 1944 年成立以来所做的一系列研究本身就是具有"社会问责"性质的"新闻批评",是消除新闻自由危机的一次尝试。[①] 1947 年,美国新闻自由委员会就预言"社会问责"与"公共监督"将是解决"新闻自由危机"的必经之路。[②] 传播责任自此从概括和抽象的思考向更为实际和具体的解释转变,即由"责任"向"问责"转变。

英国传播学者麦奎尔(Dennis McQuail)对媒体问责的研究更为深入,他将媒体问责分为法律法规问责、市场问责、专业问责与公共问责等四种类型。其中,"法律法规"是传播自由的底线,"市场"是信息传播者与接受者之间达成的"契约"。然而,媒体问责的目的并不仅限于恪守"底线",更在于不断靠近公共利益最大化的"上线"。如此,"专业问责"(恪守职业道德并提供高质量的新闻)和"公共问责"就为提升媒体的"透明度"与"反应度"建构了保障机制,为公共利益的相关方提供了交流和讨论的话语空间。国际新闻工作者联合会秘书长怀特(Aiden White)将当代媒体问责机制分为更具体的 7 项目标:促进新闻的独立和自由、提升公众的知情权、创造有利于发布高质量新闻的外部条件、帮助全社会理解媒介自治在民主生活中的作用、支持记者履行职责并鼓励专业协作、用透明免费的方式处理公众投诉并对记者失范行为的受害者提供救济、在公众与新闻机构之间建立信任并抵御来自政治和市场的双重压力。[③] 与传统媒体社会责任视域下的"道德责任自律"不同,当代社会语境下的专业问责与公共问责是一个集参与和回应、开放和效率、主动和积极为一体的动态过程,是通过公共对话与价值认同达到自律系统的完善。从某种程度上说,它是自由主义传播理论的改革与完善,是从媒体自发的义务和责任向公共参与与社会认同进行的延伸与转向。

传播活动在媒介自由化、技术融合化和传播个人化等多重影响下开启了"结构性转向",传播技术革命消解了现有的传播权力结构,使其呈现出愈加多元化的趋势。如此一来,媒体问责逐渐转变为更加包容的媒介治理,并成为

---

① 何勇.西方媒介问责的历史遗产和当代解释[J].现代传播,2017(02):121-127.
② 新闻自由委员会.一个自由而负责任的新闻界[M].展江,王征,王涛,译.北京:中国人民大学出版社,2004:74.
③ 何勇.西方媒介问责的历史遗产和当代解释[J].现代传播,2017(02):121-127.

媒体获取"公共合法性"的前提条件。全球治理理论的创始人罗西瑙（James N. Rosenau）对"治理"一词与以民族国家为主导的"统治"一词进行了区分："政府统治权威的基础在于法律法规，而治理则是建立在公民的认同与共识基础上的。"[①] 福柯（Michel Foucault）认为："治理就是对他人行动的可能范围进行构建。"[②] 瑞士传播学者帕皮斯（Manuel Puppis）在罗西瑙与福柯的基础上给出了媒介治理的概念：媒介治理给我们提供了一种超越时空的分析方法，在一定程度上不仅弥合了国家、社会与公共部门以及私人之间原本难以跨越的鸿沟，又与政府的权力保持了一定的距离。换句话说，媒介治理在保证媒介自治的基础上为外部力量对大众媒体的"问责"增加了合法性。

第二节　气候报道中的美国媒体社会责任

随着气候变化成为人类社会严峻的现实挑战，气候传播与气候治理研究的现实性就显得越发重要。相较于传统风险，气候风险既是一种现实存在，亦是一种开放性的社会建构，因为气候变化正是通过社会成员的沟通与传播才进入公众的视野，并成为"公共领域"的话题。对于美国社会而言，媒体不仅扮演了气候风险信息和知识的传播、沟通与辩论的中介角色，也主动建构了全球气候变化。从这个意义上说，全球气候变化就是一种"社会建构起来的现象"[③]。

在很大程度上，媒体形塑了大众的气候认知，因为媒体提升了气候风险的"社会能见度"，在"对抗风险""揭露风险"与"具象化风险"等方面扮演了十分重要的角色。气候变化作为气候传播的语境，不仅是一种社会维度与历史维度的思维方式，亦是美国社会学家米尔斯（Wright Mills）所说的"社会学的想象力"。在气候变化这个宏大背景下，美国媒体有责任将个人经验与社会语境相结合，将个人置于更为宏大的历史时空中加以考察。唯有如此，"个人的焦虑不安才能集中地体现为明确的困扰，公众也不再漠然，而是主动参与到

---

① 俞可平. 全球治理引论 [J]. 马克思主义与现实，2002（01）：20-32.
② 罗西瑙. 没有政府的治理 [M]. 张胜军，刘小林，等译. 南昌：江西人民出版社，2001：35.
③ 郭小平. 风险社会的媒体传播研究：社会建构论的视角 [M]. 北京：学习出版社，2013：38.

公共议题的讨论中"①。也只有如此，气候变化才能实现由"环境中的个人困扰"向"社会结构中的公共议题"的转换。美国媒体的气候报道在建构风险沟通主体地位的同时也建构了社会风险，气候变化客观上呈现出的"自反性"倾向与"不确定性"特征大大影响了"风险的能见度"。

一、媒介环境是气候报道媒体社会责任的基础

气候变化首先是一个科学议题，专业人士与非专业人士之间的认知存在巨大的差异。随着科技的飞速发展，科技与社会之间形成了密切的互生与互动关系。科技不仅成为公共决策的重要内容，也逐渐成为公共决策的基础，因为政府与决策机构必须依赖于一个对政策制定与效果监测有长期性和前瞻性研究的媒介环境。然而，气候变化议题本身具有较高的知识门槛，既要对各国的气候治理政策进行持续深入的了解与跟踪，还要对各种新兴领域和交叉学科有着较高的把握能力。这些都需要一个不断总结气候治理经验的媒介环境，为国家气候政策的制定提供坚实的基础，为政府、公众、企业与其他气候传播主体的活动提供行动指导和科学支撑。

在气候传播研究中，媒介环境是各方关注的焦点，因为大众媒体对于客观世界的再现并非镜像式的，而是有着极大的主观性与价值判断。正如李普曼在《舆论学》中所言："对于未曾经历的事件，人们拥有的唯一感觉只能是这一事件在其心中造成的幻象所引发的感受，而大众媒体正是这个幻象的制造者。"② 大众媒体不断强化这种带有强烈主观判断的画面，并渐渐向一个虚幻的世界靠近，就会出现"虚拟成为现实"的悖论。法国学者波德里亚（Jean Baudrillard）认为，大众媒体在现代生产领域向后现代拟像社会的演变中扮演了"助推器"的角色。在后现代拟像社会中，意义被各种指向不明的混沌物替代，大众媒体建构了一个比现实更现实的"超现实"，并由此衍生出各种拟态形象。③ 如此一来，人们便被大众媒体主宰了，媒介镜像也因此成为人们脑海中的"真相"。在今天这样一个高度媒介化的社会，媒介是风险议题的首要定义者。各种风险逐渐从"隐性"走向"显性"，从"缺场"走向"在场"，受众只有通过媒介

---

① 米尔斯.社会学的想象力[M].陈强，张永强，译.北京：生活·读书·新知三联书店，2001：3.
② 全燕.基于风险社会放大框架的大众媒介研究[D].武汉：华中科技大学，2013.
③ 波德里亚.象征交换与死亡[M].车槿山，译.南京：译林出版社，2006：106-108.

才能够获取各种风险资讯。如同媒介政治与符号经济一样,今天的风险传播愈来愈呈现出一种注重感知与表达的更为灵活的媒介化性质。在媒介技术高速发展的进程中,社会开始呈现出过度媒介化的倾向,每个人都是媒介影响下的"媒介人",媒介不仅建构了人们对于世界的想象,也给个人的思维方式和个体意识打上了媒介化的烙印。①

在气候变化议题上,美国媒体的气候报道频率、数量以及情感态度都与媒介环境有着十分紧密的关联。当汉森在1988年国会听证会上发出气候变化预警后,美国出现了一个集中报道气候变化的媒介环境,报纸和电视纷纷关注公众有无使用替代性能源的可能,并聚焦政府有没有发展核能等替代性能源的计划。此时,媒体采用的框架主要关注气候变化对经济与环境造成的影响,以及技术进步与投资如何能够缓解大众的气候关切。② 20世纪90年代初,美国共和党顾问伦茨(Frank Luntz)向国会议员和说客们提交了一份战略备忘录并声称:气候变化应被建构为"科学不确定性"框架,在缺乏国际合作的背景下,美国不应该承受不公平的经济"负担"。受这种"气候怀疑论"的影响,《纽约时报》的气候报道开始呈下行趋势,保守机构与产业代表也纷纷站出来维护自身的利益。③ 不仅如此,美国共和党与民主党在气候认知上的分歧也导致美国媒介环境的左右摇摆,不得不采取平衡报道的方式应对之,而这种平衡是对日益恶化的气候风险一种不客观的再现。21世纪初,《后天》(*The Day After Tomorrow*)和《难以忽视的真相》(*An Inconvenient Truth*)等反映气候变化主题的电影促成了争相报道气候变化的媒介环境。在2007年美国前副总统戈尔获得诺贝尔和平奖之后,《纽约时报》与民众开始更加倾向于民主党的气候政策,而与共和党过于保守的"气候怀疑论"渐行渐远。"气候变化项目"的调查显示:戈尔的气候宣传使得美国民众对民主党气候政策的支持度上升为76%,而对共和党的支持度维持在24%。④ 2007年以来,随着联合国政府

---

① 孟建,赵元珂.媒介融合:粘聚并造就新型的媒介化社会[J].国际新闻界,2006(07):24-27.
② NISBET M C. Communicating climate change: why frames matter for public engagement [J]. Environment, 2009, 51 (2).
③ MCCRIGHT A M, DUNLAP R E. Defeating Kyoto: the conservative movement's impact on U.S. climate change policy [J]. Social problems, 2003, 50 (3).
④ NISBET M C. Climate Shift: clear vision for the next decade of public debate [M]. Washington, DC: Am.Univ. School Commune.

间气候变化专门委员会主持召开的缔约方大会（COP）参与度的大幅提升，美国的媒介环境也建构了"气候变化是人类活动的结果"这样的共识。一项针对2009年前9个月《华盛顿邮报》《纽约时报》《华尔街日报》《政治杂志》以及美国有线电视新闻网（CNN）1200多篇报道的调查显示：93%的新闻与评论文章都认同气候变化是由人类活动造成的。在2009—2010两年间，《纽约时报》80%的气候报道都认同气候变化的人为性。2015年12月巴黎气候峰会期间，世界各大媒体的气候报道达到了11年间的峰值。

传播技术的发展使得各种新媒体成为气候报道的新平台，重新定义了记者在气候传播中报道者与监督者的角色，新增了气候传播公共知识分子与公民教育者等角色。[①] 这样一来，记者就从气候信息与知识的传播者转变为气候治理的宣传者。在新媒体技术的加持下，很多气候科学家都通过各种新的传播渠道提升了美国民众的环保与气候治理意识。作为风险传播的社会基础，媒介环境实现了风险的再现与想象。然而，气候报道对于媒体的过分依赖也存在一个很大的问题：由于风险既是高度媒介化的，亦是高度政治化的，因而所有的媒体阐释都不可避免地受到自身视角与立场的干扰；通过推理、象征与隐喻等手段，大众媒体实现了风险的生产、控制、协商与置换。换言之，风险或许从来不是"实在的真实"，而只是一种"媒介的真实"。

二、大众媒体是气候报道媒体社会责任的助推器

全球气候治理需要各利益方相互影响、相互作用并携手合作，从而形成合力。在此过程中，媒体为政府、学者、受众与企业等各方提供了信息交流的空间，为气候治理方案的讨论提供了平台。随着全球气候治理的专业性、协作性与竞争性的不断深化，气候议题需要不同专业和领域之间进行充分的沟通与交流，而这种角色只能由大众媒体来承担。[②] 如果承认风险是一种社会建构，那么"媒体究竟如何建构风险并影响社会的风险沟通"就成了我们重点关注的议题，而评估大众媒体在风险传播中的角色、功能、传播机制及其影响是反思风

---

① FAHY D, NISBET M C. The science journalist online: shifting roles and emerging practices. Journalism, 2011, 12 (7).

② 汪万发.全球环境治理中的环境智库：国际情况与中国方案 [J].环境与可持续发展, 2019 (02): 151-157.

险传播与现代性的重要组成部分。在风险传播中，风险话语与风险社会理论是对人类生存与前途的整体性思考，大众媒体的风险报道不仅是风险治理的重要消息源，也是政策制定的重要依据。因此，大众媒体在全球风险沟通与风险治理中扮演了建构风险社会"助推器"的角色。

在后工业社会，气候风险的表现形式开始由"外部风险"向"人造风险"转变，极大地增强了它的不确定性，而这种"不确定性"又在很大程度上湮没了气候风险的"能见度"。由于气候风险具有很强的知识依赖性，公众要想获得气候风险的知识与信息就必须借助媒体的报道、学者的研究，正如人们想要了解核辐射的风险一般。[①] 作为气候风险沟通中的重要中介，《纽约时报》常被政府、科学家与社会组织等各个风险利益体用来进行风险传播，甚至用来操控风险论述，进而影响公众的风险感知与价值判断。此时，《纽约时报》就成了风险论述的"传声筒"，对气候风险进行了一种间接的建构。

作为气候风险传播中的关键一环，媒体是一切风险知识的中介，在风险传播中扮演了双重功能：一是气候风险事件的"首要定义者"；二是气候风险议题的"次级定义者"，承担着风险的解释权。美国学者科万罗（Vincent T. Covello）等人则将风险传播的功能归纳为更为具体的八种类型：一是启蒙功能，即促进彼此了解，启发解决问题的智慧；二是知情权功能，即让潜在利益主体提前了解风险信息并寻找因应之策；三是改变态度功能，即改变风险制造者与承受者的风险接受度；四是合法性功能，即塑造风险管理的合法性，重塑信任与公平；五是降低风险功能，即降低风险以保障公共安全；六是改变行为功能，即鼓励风险沟通机构采取保护性或支持性的行为；七是公共涉入功能，就是让公众关注公共议题和与风险认知有关的知识；八是参与功能，即鼓励公众参与，协助解决与风险有关的冲突。[②]

现代化技术带来的人造风险使不同行业与阶层的人在获取气候风险资讯及风险认知上处于一个明显的不对等地位，"谁来定义气候风险"及"如何定义气候风险"成为十分重要的政治议题。气候风险对于专业人士与大众媒体的依赖使其得以无限延伸，而且使其"对于社会的定义与建构处于一个开放的状

---

① 秦志希，郭小平.论"风险社会"危机的跨文化传播[J].国际新闻界，2006（03）：16-19.
② COVELLO V T, LAVE L B, MOGHISSI A, UPPULURI V R R. Uncertainty in risk assessment, risk management, and decision making [M]. New York: Plenum Press, 1987.

态"①。媒介的普遍性、政治参与的必然性与气候风险的难预测性都决定了气候风险定义的开放性。诚如美国哲学家哈拉维（Donna Haraway）所言："在对风险定义的过程中，我们都掺杂了情景化知识，它与我们身处的位置有着十分紧密的关联。"② 1993年，德国社会学家约普克（Christian Joppke）提出"风险运动"的概念，将生态运动、反核运动与和平运动等以风险为议题或论述纲领的社会运动纳入其中。③在风险运动的传播中，大众媒体界定了风险运动的意义、形象、重要性，甚至影响了风险运动的"前途命运"。④媒体的报道提升了风险运动的社会能见度，并通过选择、排除、凸显与表达完成了对风险运动的框架建构。如果说风险社会中媒体的角色主要是风险的预警者、建构者、批评者与沟通者，那么记者就不能仅仅局限于对风险事件进行再现，而应该为公众更好地理解风险提供相关的政治、经济、科技与社会等背景知识。在风险定义力量此消彼长的过程中，大众媒体也赢得了一个风险"解释者"的竞争资格，可以影响公众的风险认知及系统的风险管理。

三、媒介实践是公众信任的建构过程

气候变化是影响当下与未来的重大议题，媒体以影响政府的气候政策为重要的议程。而公众既是气候变化的被影响者，也是应对气候变化的主要力量。在气候政策的制定、执行与评估过程中，公众的接受、配合和支持程度直接关系到政策推行的成败。因此，媒体在气候报道时会将对公众的动员与反馈作为重要内容。

气候变化从一个被广泛质疑的议题变为被大众普遍接受的议题，大众媒体自20世纪90年代以来的启蒙功不可没。美国学者莫泽（Susanne Moser）认为：传播者在提高信息可信度方面扮演了非常重要的角色；媒体作为传播者，为其传播的气候信息盖上了"批准的印章"，能够帮助受众更好地判断信息的"正

---

① BECK U. The reinvention of politics: rethinking modernity in the global social order [M]. Oxford: Polity Press, 1997.
② HARAWAY D. Primate visions: gender, race and nature in the world of modern science [M]. London: Verso, 1998.
③ JOPPKE C. Mobilizing against nuclear energy: a comparison of Germany and the United States [M]. Berkeley: University of California Press, 1993.
④ 朱元鸿.风险知识与风险媒介的政治社会学分析 [J].台湾社会研究季刊, 1995(19): 196-197.

确性"与"可信度"。① 在当代社会，公共领域的发展使得大众媒体成为公共话语对话与交锋的重要平台，是不同话语主体争夺以自身为主导地位的"结构性影响力"的主要途径。美国媒体的气候报道首先要回答四个问题：一是媒体该如何呈现气候风险议题并形塑受众的风险认知；二是风险论述由谁来支配；三是风险责任的归属是谁；四是风险知识与风险无知究竟是谁生产的。

要回答这一系列问题，大众媒体应发挥四项基本功能：第一，风险告知功能，即通过风险议题设置推动受众对于风险知识的关注与了解，从而使受众了解风险信息并主动寻求风险解决之策；第二，改变态度功能，即改变风险制造者与承受者的风险接纳度；第三，冲突缓解功能，即通过受众的参与对与风险有关的冲突起到缓解作用，从而保障公共安全；第四，合法性功能，即借由塑造包括政府组织与各种社会力量等行为主体风险管理的合法性，强化社会资本，重建社会信任与公平正义。

在气候风险传播过程中，记者不仅从科学的角度进行报道，还会涉及政治范畴，因为风险议题的框架是由媒体的价值取向与国家的意识形态共同决定的。② 在科技理性占主导的工业社会中，政府机构总是将各类专家学者的权威观点作为风险决策的主要依据，大众媒体也凸显了这些专业的消息源，发挥了告知与说服的影响功能。然而，这种过于片面、线性且不够民主的风险传播往往遮蔽了受众对于气候风险客观的认知，使得他们不得不寻求其他的消息源以获得更为全面的风险认知。因此，在当下这个风险社会，美国大众媒体有责任为受众参与风险对话提供充分的风险情境与背景知识，营造一个开放、理性与以解决问题为导向的讨论平台，从而切实有效地推动风险传播。"互动、参与的风险传播能够提高公众对于争议性科技的理解，并且在自我参与的过程中，除了具有民主的意涵外，也会形成一个公众信任的建构过程。"③

---

① MOSER. 气候变化传播：历史、挑战、进程和发展方向[J]. 赖晨希，译. 东岳论丛，2013(10)：15-23.
② IYENGAR S. Is anyone responsible? [M]. Chicago: University of Chicago Press, 1991.
③ 郭小平. 风险传播研究的范式转换[C]. 2006中国传播学论坛论文集. 2006：102-112.

第三节 "他者"气候报道中美国媒体社会责任的现实基础

在开展气候报道之前,美国媒体的"他者"报道主要采用三种框架:政治框架、意识形态框架与经济框架。所谓政治框架,是指美国媒体在报道以中国为代表的发展中国家时,采用了一种"非友即敌"的思维,这是因为彼时美国媒体新闻框架的选择主要是由美国政府的新闻议程与对外政策决定的,呈现出一种"平行"关系。事件就不是新闻。如此一来,这些国家的形象就不可避免地被扭曲和误读。所谓意识形态框架,是指美国媒体报道"他者"国家时选择的框架是意识形态、文化价值与社会价值等因素综合作用的结果,凸显了美国的主流意识形态,新闻题材的选择由意识形态而非由新闻价值决定。因此,美国媒体对"他者"国家的报道不是基于时间线索,而是精心设计的结果。所谓经济框架,是指美国媒体在报道"他者"国家的新闻时,强调的是自我与它们的经济发展关系。随着美国经济愈来愈依赖于全球市场,美国媒体在报道环境与卫生等需要国际社会共同应对的议题时往往以经济框架为主导。

从上述三个框架的使用可以看出,尽管美国政府的对外政策时常改变,但其根本原则一直没变,导致在建构"他者"国家形象时,意识形态始终根植于美国媒体的生产与传播环节。因此,期待它们在这方面作出改变不过是一厢情愿而已。当下,全球气候治理的呼声日益高涨,以美国和欧洲为代表的"自我"和以中国、印度、巴西和南非为代表的"他者"在气候治理维度上呈现出一种合作共生的关系。以《纽约时报》为代表的美国媒体也被赋予了全面、客观呈现亚、非、拉等"他者"国家和地区的气候图景的责任。

自1992年5月联合国《气候变化框架公约》通过以来,国际社会在气候治理的合作中既收获了成功的经验,也积累了失败的教训。在此期间,"他者"在构成、力量与责任等方面都经历了一个不断发展变化的过程。根据国际气候谈判的进程,自20世纪80年代末以来,全球气候治理经历了五个阶段:联合国《气候变化框架公约》的诞生与生效(1990—1994)、《京都议定书》的诞生与生效(1995—2005)、巴厘路线图与"哥本哈根—坎昆协议"的达成(2005—2010)、德班平台与《巴黎协定》的达成(2011—2015)以及后《巴黎协定》时代（2016—至今）。从国际气候谈判与全球气候治理过程中"他者"的进化来看，全球气候话语正经历着一场宏观叙事上的巨大变化。从历史时段看，这是一个长达百年的再叙事；从中期的历史结构看，这是自20世纪以来国际关系格局的一次剧变；从短期的现实维度看，气候变化导致国际社会的冲突愈演愈烈，国际秩序的调整迫在眉睫。透过这三个维度不难看出，这个宏观叙事主题的核心就是"他者"的崛起与世界权力的再建构。①

英国历史学家科林伍德（Robin Collingwood）指出："一切历史都是思想史，都是当代人对于历史的解读。"意大利学者克罗齐（Benedetto Croce）也指出："一切历史都是当代史。"因为"事实是不可侵犯的，意见却是不受拘束的"，历史掺杂了历史学家的个人观点。②从历史维度看，在全球气候变化话语中处于第三世界的"他者"并非温室气体的主要制造者，如今却要为西方国家的历史排放买单。对于《纽约时报》而言，客观报道气候变化中的"他者"不仅能够使人更清楚地认知全球气候变化影响的范围与等级，也能更好地展开全球气候治理。萨义德对此有着清醒的认识，他指出："每一种文化的发展与维护都需要与其相异质且竞争的另一个'自我'的存在。自我身份的建构总是和相异于自身的'他者'身份的建构息息相关的。每一个时代和社会都在重新创造自身的'他者'。因此，'自我'与'他者'的身份是流动的，是一个历史、社会、学术与政治的过程。"③在冷战之后的数十年间，西方话语体系遭遇到一系列质疑，国际话语体系来到了变革与重构的时间窗口，"他者"崛起与世界话语体系的重构有了十分急迫的现实性。④"他者"崛起是全球气候话语体系重构的关键要素，二战后世界经济格局的急剧变化使得这一命题的现实性与急迫性愈发凸显：在2021年全球GDP排名中，中国、印度与巴西分别排在了第二、第六与第十二位，全都突破了万亿元大关。

当前，全球气候话语体系重构的现实性在于：既有的由美国建立的气候话语体系面临着四个方面的困境。一是美国认识到以中国、印度与巴西为代表的发展中国家在经济与社会发展、气候适应与气候治理上取得的进步，但并不能

---

① 刘笑盈."他国崛起"与世界话语体系的重构［J］.现代传播，2014（09）：9-13.
② 卡尔.历史是什么［M］.吴柱存，译.北京：商务印书馆，1981：5.
③ 萨义德.东方学［M］.王宇根，译.北京：生活·读书·新知三联书店，1999：426.
④ 刘笑盈."他国崛起"与世界话语体系的重构［J］.现代传播，2014（09）：9-13.

对其作出合理的解释，对于"他者"的界定产生了障碍；二是美国无法用自身标榜的价值观压制日益兴起的多元文化；三是美国对于自身发展中遭遇的经济与社会问题无法拿出切实的解决方案，"面临着经济发展的'失调'、政治体制的'失灵'、社会融合机制的'失效'以及思想道德'失范'等困境"；四是无法对气候变化、能源短缺、恐怖主义与移民危机等全球性风险进行解释。[①]因此，就内在逻辑而言，全球气候话语体系亟须解构与再造。当前，作为与西方相对应的"他者"国家在全球气候话语体系重构中有三个方面的机遇：一是经济体系上的国际经济秩序话语重建；二是国家安全与全球安全上的国际政治话语重建；三是文化与传播权力的话语重建。尽管以美国为首的西方国家仍然控制着全球信息与传播的主导权，但"他者"国家对于气候报道的解释权正与日俱增，这也使得未来的全球气候变化话语充满了想象空间。

2007年，德国学者纳瓦拉（Irene Neverla）提出了"气候转向"的概念，为《纽约时报》报道发展中国家的气候变化议题提供了理论依据。所谓"气候转向"，是指气候变化已经成为大众媒体最突出的环境危机议程，这一转向可以从两个方面来理解：第一，媒体不仅报道气候"新闻"，还报道非政府组织的气候"行动"与公民示威；第二，媒体不仅从不同角度对气候变化"怀疑者"与"信任者"进行再现，还对西方国家与非西方国家的国内气候报道的"价值观"进行比较。在大众媒体"气候转向"的叙事逻辑下，美国媒体有义务呼吁世界各国在全球气候政策上进行对话协商，客观上建构一种新的"全球公共领域"。在气候转向上，《国际先驱论坛报》是较早关注"他者"的美国媒体。该报对以美国为代表的发达国家在对发展中国家气候援助问题上"只打雷不下雨"的现象予以批评，并指出为了使气候报道客观公正，美国媒体应处理好三个问题：一是增加连续报道，由于气候变化是一个长期缓慢的过程，媒体务必忠实地履行"环境监测"的责任，谨防沦为政党和利益团体的代言人；二是确保新闻的科学性，气候变化是一个专业性很强的科学议题，需要气候学家、非政府组织、政府官员、媒体与受众等多方参与，以确保消息源的准确性与全面性；三是加大深度报道的比例，气候报道必须源于科学精神的深层次内

---

① 刘晓明.对西方资本主义困境的观察与思考［EB/OL］.（2013-04-12）［2020-10-08］.http：//opinion.people.com.cn/n/2013/0412/c1003-21107617-2.html

涵，对人与气候系统的互动关系发出预警，从而让受众更加清楚地认识到自身的社会责任，提升环境保护的道德水平。与此同时，美国媒体应借由连续报道、深度报道促使国际社会达成伦理共识，走出气候谈判困境。

当下，气候报道是美国媒体在履行社会责任过程中要面对的重要议题，因为《纽约时报》对于气候风险的传播与建构是提高气候风险议题、气候风险运动及其组织的社会能见度与影响力的关键因素。不仅如此，这些气候风险议题也为美国媒体提升自身的能见度提供了鲜活的新闻素材。当下，美国的媒介生态呈现出大众媒体与气候风险议题相互依赖的特点，气候风险议题引发了各利益方对于风险话语权的争夺，美国媒体必须在客观报道与气候政治二者之间作出选择。

第四节 "他者"气候报道中美国媒体社会责任的伦理基础

传播学界普遍将风险视为一种社会建构，大众媒体的风险传播之路依然任重道远。对于以《纽约时报》为代表的美国媒体而言，如何鼓励公众参与气候风险沟通并推动社会信任，实现科技、社会、人类与环境的良性互动，是气候报道的重要责任。因此，气候风险沟通必须是互动式的协同模式。

"他者"气候报道中美国媒体社会责任的伦理基础主要体现在：通过对气候变化议题进行考察，思考如何让美国气候传播与沟通的主体借由认知、学习与沟通等过程强化风险决策的责任感。这种责任感旨在实现"自我"并推动全社会有效规避气候变化造成的冲击，从而实现人类社会的和谐发展。媒体在气候变化议题上所做的全面、持续性报道实际上是一种面向未来的风险沟通，能够呼吁社会各界在气候变化与气候治理上进行集体反思，客观上确立了"风险责任伦理"。这里的"责任"是指媒体自觉地意识到自己的行动可能直接或间接导致的结果。对于美国媒体而言，气候风险沟通中的责任伦理可以从以下两个方面进行理解。

第一，美国媒体气候风险沟通中的责任伦理源于韦伯提出的"责任伦理"，其核心在于坚守新闻责任与专业道德。与"信念伦理"强调沟通的意图、动机和信念不同，"责任伦理"重视沟通者行动的后果，要求沟通者为自身的沟通后果承担应有的责任。因此，信念伦理重点关注的是沟通者的主观"善良意志"，而责任伦理更加关注沟通者沟通后果的价值与意义。[①] 美国媒体在气候报道中不仅要承担起风险沟通的角色，还应履行气候变化的社会教育责任，引导社会大众形成一个有关"自我"与"他者"的正确风险治理观念。

第二，美国媒体应建立气候变化的伦理观念，强调个人责任伦理与公共伦理的结合。气候风险沟通是一个由政府、企业、媒体、专业机构、非政府组织与公民等多方参与和互动的过程，多方基于特定的目的对与气候变化有关的信息、知识与观点进行沟通与分析。公共组织或非政府组织有权利和责任通过媒体向政府、企业等提出"他者"的气候风险警告并告知自身对于"他者"的气候风险评估。

美国媒体"他者"气候报道中的责任伦理不仅体现在"他者"的风险再现与风险建构等方面，更在于帮助公众获得一种生活的安全感，消解因对发展中国家气候变化的无知带来的各种不确定性与恐慌，从而提升气候传播的有效性。对于美国媒体而言，在气候风险传播中应扮演三种重要的风险伦理角色。

第一，公共权益的自主表达者。媒介技术的发展使得"身体的媒介化"成为现实，人与媒体实现了重新融合。这种重新融合是"人—媒"关系的否定之否定，人作为媒体也进入伦理关系中。进行全球气候报道时，由"自我"与"他者"共同构成的人类生存与发展的权益危机成为美国媒体的重要表达内容，形成了一种由下而上、由西而东、由散而聚的权益表达。

第二，气候变化的伦理刻画者。李普曼指出，公众了解的世界形象实际上是由媒体建构的"拟态环境"。尽管社交媒体可以让公众通过自我视角观察记录气候变化中世界的伦理关系、参与气候变化定义、汇聚气候变化话语并建构社会的风险景观，但专业化的美国媒体凭借资金、技术、人才与消息源等方面的优势，在影响公众对于气候变化信息的判断与伦理行为的选择方面发挥着更大的作用。

第三，气候变化的道德维系者。在当今社会，脆弱的环境与不负责任的生产生活方式使极端天气日益增多。作为全球化的受益者，美国媒体应将本国利

---

① 韦伯. 学术与政治 [M]. 冯克利, 译. 北京: 生活·读书·新知三联书店, 1998: 8.

益与全人类的利益视为一个有机的整体,在全球气候治理中建构一个"自我"与"他者"合作的舆论。

除了责任伦理之外,全球公民社会是"他者"气候报道中美国媒体社会责任另一重要的伦理基础。所谓"全球公民社会",是指"家庭、国家与市场之间的观点、价值观、制度、组织、网络与个人等领域超越了国内社会、政体与经济的局限"[①]。美国学者安海尔(Helmut K. Anheier)在2001年出版的《全球公民社会年鉴》中明确指出:"全球公民社会反映的是一种深刻的社会现实。它不再把民族国家作为政治共同体的基本特征,也不再将国家利益视为民主社会与政治变革的基本特征。"这样一来,贝克提出的以民族国家为中心的"方法论国家主义"就被消解了。英国政治学者赫尔德(David Held)指出:"全球公民社会是建立在世界主义伦理基础上的,其道德关切的最终单位是每一个生活在这个世界上的人,而非国家抑或任何其他形式的人类组织。"[②]随着全球公民社会的出现,大众逐渐认识到全球性框架与非政府社会领域的普遍存在。

20世纪90年代出现的更为"流动的"国际环境代表着政治权威开始呈现"超越历史的"属性,"全球化"与"公民社会"这两个词在逻辑与政治层面上都获得了极大的话语力量。在全球化的氛围之下,"负责任的全球公民身份"被形塑。相较于传统的以民族国家为对象的身份认同,这种新型的公民身份并不要求公民放弃对原生国家的认同,而是希望其在一些全球性问题中能够超越国家与民族的界限,建立起一种全球认同。随着气候风险成为一个无法规避的现实,美国媒体社会责任伦理的视域应从"国内责任"向"全球责任"转向。全球公民社会不仅给《纽约时报》等美国媒体提供了媒体社会责任伦理转向的现实基础,还凸显了媒体在全球传播治理中的重要性。全球传播治理的现实基础在于:"在全球性风险层出不穷的今天,单个国家或政府的作用是十分有限的,必须通过以媒体为中介展开的国际对话、协商与合作,方能解决全球社会面临的政治、经济、安全与生态等问题,在国际框架下而不是国家框架下寻求解决问题之策。"[③]对于以《纽约时报》为代表的美国媒体而言,参与全球治

---

① ANHEIER M, GLASIUS M, KALDOR M. Global civil society [M]. Oxford: Oxford University Press, 2001.
② HELD D. Cosmopolitanism: globalization tamed?[J]. Review of international studies, 2003, 29(4).
③ 任孟山. 国际传播与国家主权[M]. 上海:上海交通大学出版社, 2011:44.

理与风险共同体的建构为它们提供了一个"跳出种族、地域与文明的局限去欣赏、理解和亲近'他者'的机遇"①。而全球传播治理则是国际传播新秩序运动的延续,是传统国际传播管理与控制方式从"制度"到"治理"的范式转换,也为传播的社会责任伦理提供了一种新的理论视角。

第五节 "他者"气候报道中美国媒体社会责任的挑战

当下,全球气候风险模糊了国家的边界,"自我"与"他者"在气候变化的治理维度上呈现出一种"合作共生"的关系。然而,《纽约时报》在气候报道中处理国际、代际及物种间的关系上仍然面临着不少挑战。在全球气候风险不断加剧的今天,民族国家的边界并未在《纽约时报》上消解,"他者"依然是不同政治、经济和文化实体在气候适应与气候治理上的重要障碍。

一、"异化"真相下的"他者"气候报道

当下,美国媒体的"他者"气候报道常常表现出主观化与情绪化的倾向:第一,真相在情绪的流动中被遮蔽,呈现出从共鸣到宣泄的倾向;第二,真相在叙事修辞里被改写,呈现出从围观到制造的倾向;第三,真相在意见传递中被扭曲,呈现出从传播到表达的倾向。美国学者雅各比(Susan Jacoby)指出:"反智主义"已经对美国的政治、媒体与社会生活等各个方面造成了全面侵蚀,如果其制造出来的工具化与系统化的"谎言文化"继续任意发展,美国终将沦为垃圾思想、伪科学、假新闻与后真相的精神荒原。② 葡萄牙学者卡瓦略(Anabela Carvalho)指出:美国媒体气候报道中充满了意识形态因素,学术界目前发现的只是冰山一角。美国学者凯尔纳(Douglas Kellner)也认为:"我们应从政治的视角去阅读媒介文化,要意识到媒介话语总是包含了某些政治与意识形态的立场,并会对政治产生反作用力。"③

---

① 高冉.新世界主义源流与全球传播研究[J].江苏大学学报(社会科学版),2020(02):87-97.
② 雅各比.反智时代:谎言中的美国文化[M].曹聿非,译.北京:新星出版社,2018:285-290.
③ KELLNER D. Media culture: cultural studies, identity and politics between the modern and the postmodern[M]. London: Routledge, 1995.

自20世纪70年代开始报道中国的气候与环境议题以来，美国媒体总是忽视或淡化中国气候与环境问题产生的历史背景，未将中国的气候环境置于旧能源体制向新能源体制转变的历史进程中加以考察与评价。美国的"他者"气候报道受国际秩序、大国关系与意识形态等因素的影响与制约。诚如美国学者艾利森（Graham Allison）指出的那样，"美国民众将越发清晰地感受到失业与物价上升等问题的严峻，为了转嫁矛盾，美国政府与媒体可能会将国内矛盾的源头指向中国"[①]。

二、信息茧房与"他者"气候报道

德国哲学家海德格尔（Martin Heidegger）指出："技术的本质是解蔽，从遮蔽状态进入无遮蔽状态。"[②]然而，完全依赖大数据和算法模型的当代传播增加了输入与输出的未知性，"将新闻生产过程推向了更深的'黑箱'"，导致传播过程中歧视与偏见的频发，"新闻生产的幕后的幕后"产生了新的遮蔽。[③]在信息技术主导的"后真相"时代，传统主流媒体在气候报道中遭遇了从未有过的生存挑战与信任危机。用户急剧流失和利润大幅下滑使得传统主流媒体也必须借助社交媒体进行议程设置，依靠制造与营销话题来赚取流量，以挽回不断流失的用户。在媒介3.0的时代，个体身兼"信息发布者"与"情绪表达者"的双重角色，情绪传播的流行导致"后真相"时代的加速到来。尽管算法推送能够带来更有效的传播，但由于其过于依赖"工程传播"的逻辑而忽略了伦理因素，人们被包裹在"过滤泡沫"（Filter Bubbles）或"信息茧房"（Information Cocoons）中，对任何与既有知识体系相异的观点都会表现出十分抗拒的态度。这一点不仅体现在信息接收者身上，也在新闻生产活动中得到印证。久而久之，人们就被困在了"人造孤岛"上，如同蚕蛹一般，始终被"茧房"束缚，不愿面对外部的世界与生活。[④]

在"后真相"时代，美国媒体"把关人"的角色愈来愈弱化，气候报道中的情绪传播往往大过事实传播，真相与价值渐行渐远。如此一来，模棱两可的

---

① 王薇.《纽约时报》四十年来关于中国环境报道的演变[J].南开学报（哲学社会科学版），2019（06）：42-51.
② 海德格尔.海德格尔选集（下卷）[M].孙周兴，译.上海：上海三联书店，1996：930.
③ 仇筠茜，陈昌凤.黑箱：人工智能技术与新闻生产格局嬗变[J].新闻界，2018（01）：28-34.
④ 王妍.警惕网络"信息茧房"效应[J].人民论坛，2020（11）：126-127.

陈述成了新的"真实观",这与大众传播几个世纪以来努力确立的以客观和真实为核心价值的媒介伦理是完全背道而驰的。加拿大传播学者斯迈斯(Dallas Smythe)认为:从表面上看,技术具有人人可以使用的客观中立属性,但是技术的研发与使用却被打上了深深的政治与意识形态的烙印,有使人异化为对象与工具的威力。对此,美国传播学者席勒(Dan Schiller)明确地指出:"只有在政治的坩埚中,新型的技术能力才能够被催化。"① 美国前副总统戈尔也指出:"全球环境面临的新型的、深远的威胁正变得显而易见……这其中有很大一部分要归因于我们的政治体制。"② 按照戈尔的说法,既然气候变化议题与政治相关,那么要解决这一问题自然需要政治力量的介入,呼吁各国政府、国际社会的集体行动。在当代许多西方学者看来,西方社会的现行制度无法从根本上解决气候变化问题,必须引入外部因素。澳大利亚学者希尔曼(David Shearman)与史密斯(Joseph Smith)在合著的《气候变化的挑战与民主的失灵》一书中就指出:"西方现行的自由民主制度已经失灵,民主无力应对气候变化,气候变化与民主是对立的。"③ 在此基础上,英国学者吉登斯在《气候变化的政治》一书中提出了一套关于气候变化的新型政治理论,即"气候变化的政治"。在这个新型理论中,吉登斯提出了"保障型国家""政治敛合""经济敛合""气候变化积极性""政治超越性""抢先适应"等一系列新概念,充分体现了政治因素在气候变化中扮演的重要角色。④

---

① 席勒.信息资本主义的兴起与扩张[M].翟秀凤,译.北京:北京大学出版社,2018:18,65.
② 戈尔.濒临失衡的地球——生态和人类精神[M].陈嘉映,等译.北京:中央编译出版社,1997:141.
③ 希尔曼,史密斯.气候变化的挑战与民主的失灵[M].武锡申,李楠,译.北京:社会科学文献出版社,2009:31.
④ GIDDENS A. The Politics of climate change[M]. Cambridge, UK: Polity Press, 2009.

第三章 《纽约时报》"他者"气候报道的风险启蒙媒体社会责任

20世纪90年代以前,科学家们一直认为气候变化是一个遥远的话题,如果有人说"热浪会造成海平面上升,北极圈的温度会急剧升高,巴黎和柏林的温度会达到撒哈拉沙漠的水平",他一定会被称为"杞人忧天者"。然而,曾经人们预想的糟糕的场景如今一一成为现实。不过,时至今日依然有近32%的美国人对"气候变化是由人类活动造成的"这一事实持怀疑态度,他们也因此被称为"气候怀疑论者"。德国学者拉姆斯托夫(Stefan Rahmstorf)将气候怀疑论者分为三种类型:第一种怀疑论者根本就不承认气候变化的存在,因此被称为"趋势怀疑论者";第二种怀疑论者不承认气候变化是由人类活动造成的,因此被称为"成因怀疑论者";第三种怀疑论者认为气候变化并非一种有害的现象,因此被称为"影响怀疑论者"。① 此后,一些学者又提出了第四种类型,即不相信科学界在气候变化问题上达成广泛共识的怀疑论者,亦可被称为"共识怀疑论者"。可见,公众对于气候变化的理解往往建立在自身社会地位、个人经历以及意识形态基础上,因此"否认"与"怀疑"这两个词常常出现在气候变化的讨论中。②

20世纪90年代,《纽约时报》开启了对"他者"国家的气候报道,报道的频率与数量均呈现螺旋式上升趋势,建构了唤起美国民众关注发展中国家气候风险的启蒙责任框架,提升了美国民众对本国与"他者"国家共同建构"风险命运共同体"的关注。③

---

① HALTINNER K, SARATHCHANDRA D. The nature and nuance of climate change skepticism in the United States [J]. Rural sociology, 2021, 86(4).

② MCCRIGHT A M. Anti-reflexivity and climate change skepticism in the US general public [J]. Human ecology review, 2016, 22(2).

③ 郭小平.西方媒体对中国的环境形象建构——以《纽约时报》"气候变化"风险报道(2000—2009)为例[J].新闻与传播研究,2010(04):18-30.

第三章 《纽约时报》"他者"气候报道的风险启蒙媒体社会责任

本章将从 LDA 主题模型分析、情感分析、"他者"报道的数量趋势与"他者"报道的框架等四个维度考察《纽约时报》1990—2018 年履行"他者"气候报道的风险启蒙媒体社会责任的情况。

第一节 LDA 主题模型分析

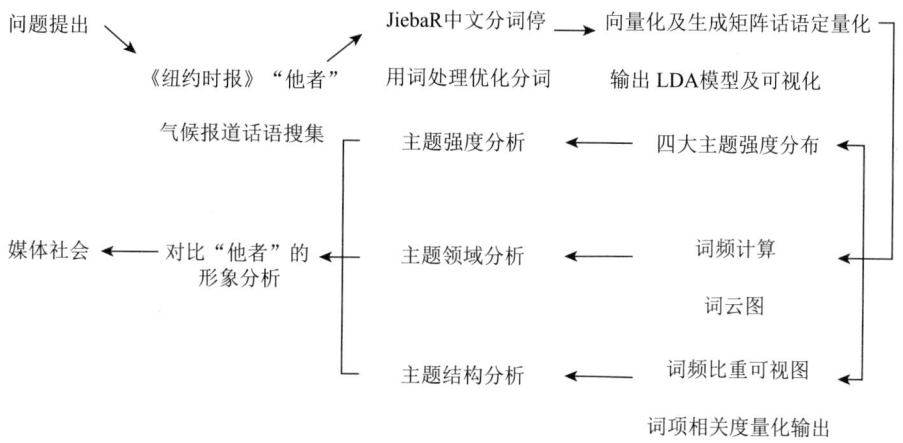

图 3-1 研究框架

《纽约时报》"他者"气候报道话语聚类的关键在于：根据该报对于"他者"气候报道的话语记录，了解美国媒体、受众与政府如何看待"他者"在全球气候治理过程中扮演的角色。气候报道话语聚类的核心是引入气候变化词表并提升气候变化分词的准确度，同时优化聚类算法并减少操作误差，从而提升聚类结果的准确度。通过确定主题的最优数目，LDA 主题模型分析可以对《纽约时报》的"他者"气候报道话语进行聚类，其优势主要有两点：一是将语义关联添加在传统话语分析的基础上，在不引用外部词典相似度计算的条件下解决一词多义和一义多词的问题，识别大规模气候变化话语中潜藏的主题信息，从而使话语分析更加专业化；二是针对"他者"气候变化这一特殊话语类型，降低数据维度，同时使参数空间规模恒定，不受话语规模的影响，提高泛化能力，从而减少庞大的数据计算量，提升运行效率。

一、主题强度分析

主题强度是指聚类后的每个主题在语料库中所占的相对分量，计算结果能够反映《纽约时报》对于"他者"的关注程度，主题强度高的领域代表《纽约时报》的关注重点。主题强度计算公式为 $P_k = \dfrac{\sum_i^N \theta_{ki}}{N}$。在该公式中，$P_k$ 代表第 k 个主题的强度，能够体现主题的宏观均值；N 代表样本个数，θ_{ki} 表示第 k 个主题在第 i 个样本中的出现概率。

各主题强度如图 3-2 所示。图 3-2 是在 LDAvis 中多维缩放后的 Intertopic 距离图，圆形大小表示主题出现的频率。LDAvis 采用多维尺度分析，提取主成分作为维度，将主题分布到两个维度上，各圆心之间的距离表示与主题的接近度。由图 3-2 可知，四个主题的圆心之间距离较大，即主题之间相似度较低。同时，四个主题按强度从高到低排序，分别为 28.1%、25.5%、24.7% 与 21.7%。主题二与主题三强度接近，总体来说四个差距不大。

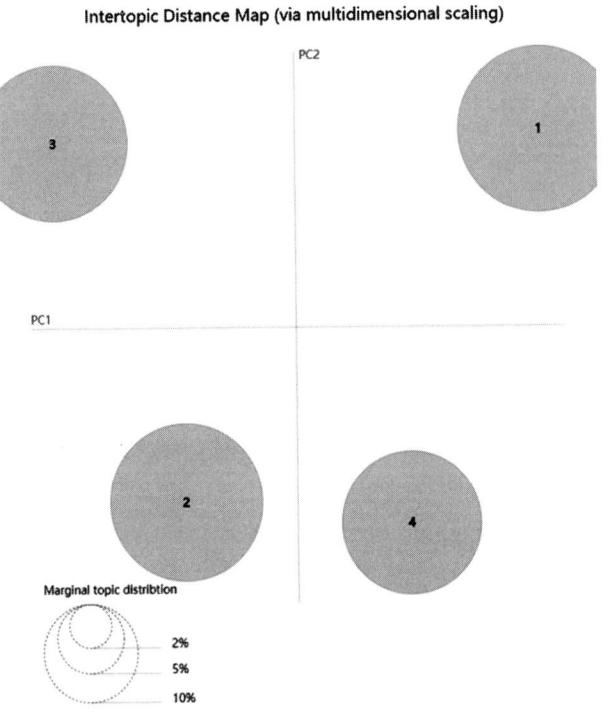

图 3-2 《纽约时报》"他者"气候报道主题模型分析

二、主题领域分析

本研究对《纽约时报》有关"他者"的气候报道采用话语分词方法，经过简单分词、去停用词、计算词频后的统计结果见表3-1。

表 3-1　《纽约时报》"他者"气候报道词频统计结果（前10个）

关键词	climate	change	emissions	united	China
词频	1329	851	608	552	546
关键词	countries	global	coal	carbon	nations
词频	424	424	382	347	330

词云图3-3清晰地反映出《纽约时报》有关"他者"的气候报道的重点：距离中心越近且字号越大的词项出现频率越高，相同灰度的词项具有相同词频。

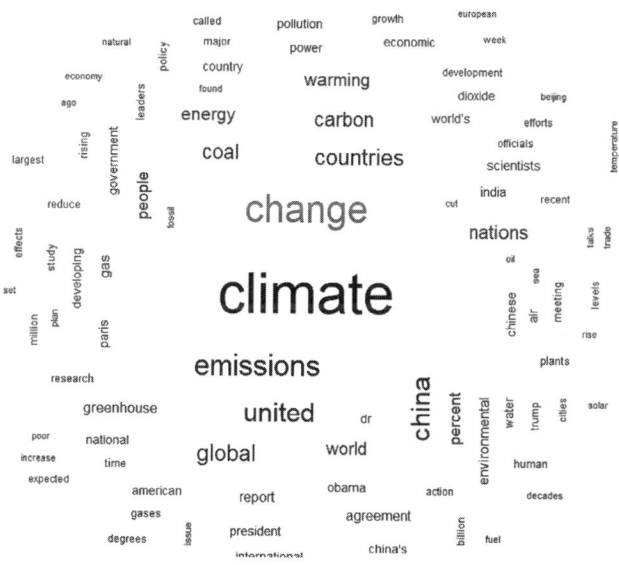

图 3-3　《纽约时报》"他者"气候报道词云图（前10个）

由表3-1及图3-3可知，词项出现频率由高到低分别为"气候"（climate）、"变化"（change）、"排放"（emissions）、"联合"（united）、"中国"（China）、"很多国家"（countries）、"全球"（global）、"煤炭"（coal）、"碳"（carbon）"、"民族"（nations）等。由此可以得出两个主要结论：第一，全球气候合作已成为一种客观现实；第二，中国是"他者"国家的典型代表，美国要实现与"他者"国家的气候合作就必须重视中国这个最大的发展中国家。

中国始终倡导国际气候治理上的多边主义，着力维护合作秩序，坚定落实《联合国气候变化框架公约》与《巴黎协定》等国际气候条约，并坚持公开透明、广泛参与、缔约方驱动与协商一致的原则，协调各方利益，为弥合全球气候治理的分歧发挥了关键作用，守护了全球气候治理公平正义的基石。

三、主题结构分析

我们使用 LDA 主题模型对《纽约时报》涉及"他者"的气候报道进行主题归类（字数约为 17.1 万），设置主题数 =4，α=0.1，β=0.01，呈现出词频比重可视图及词项相关度的量化输出，进而获取每个潜在主题的结构。这种结构用每个支持该主题的词的概率值表示，概率值越大，说明该词与主题的关联程度越高。

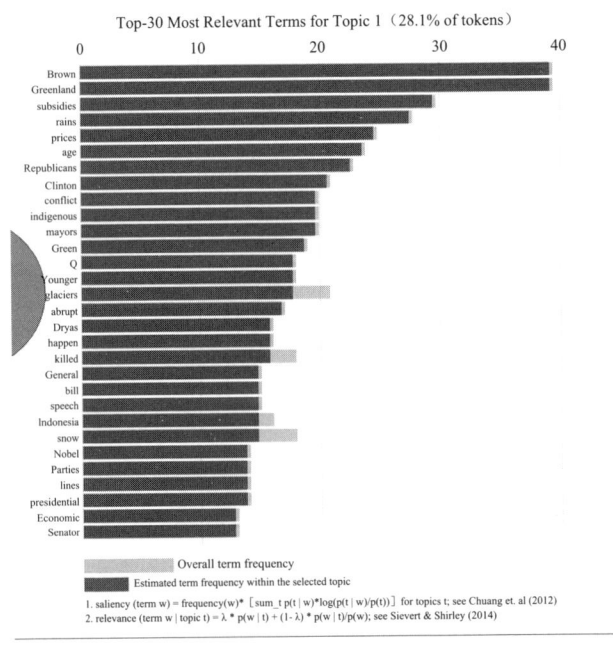

图 3-4　主题一　前 30 个相关词语的词频比重可视图

第三章 《纽约时报》"他者"气候报道的风险启蒙媒体社会责任

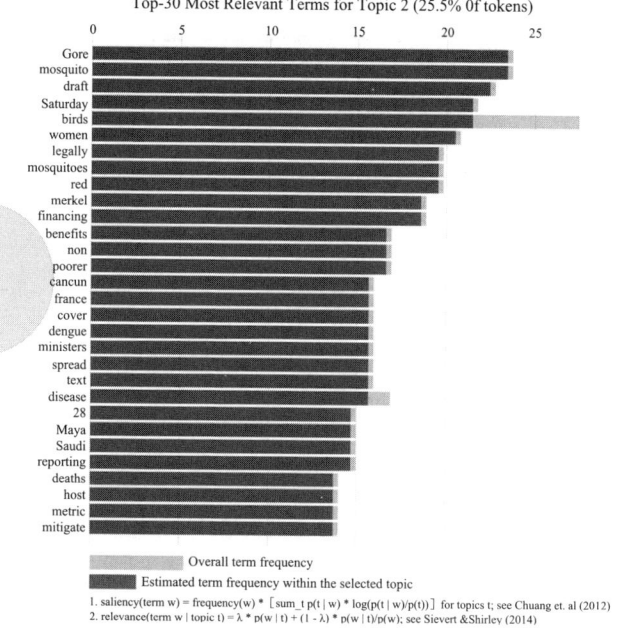

图 3-5 主题二 前 30 个相关词语的词频比重可视图

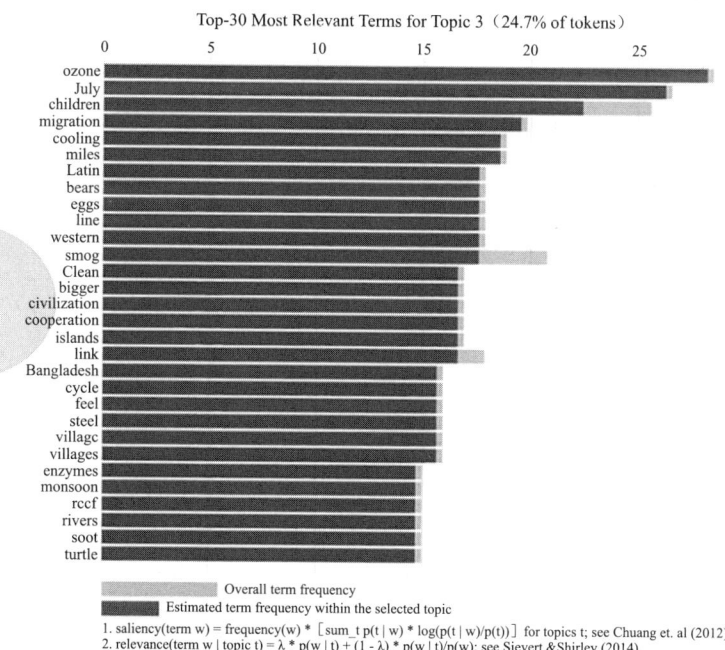

图 3-6 主题三 前 30 个相关词语的词频比重可视图

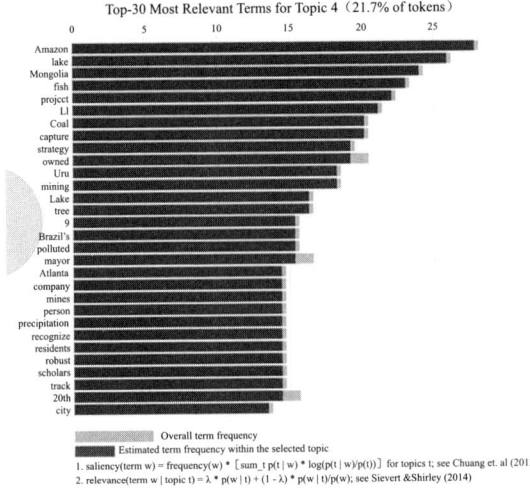

图 3-7　主题四　前 30 个相关词语的词频比重可视图

为了直观起见,我们将四个主题的相关词项放到一个表格中加以比较,见表 3-2。

表 3-2　《纽约时报》"他者"气候报道的词项及相关度

相关主题	气候变迁		"他者"遭遇		美国的气候政策		国际气候合作	
	词项	相关度	词项	相关度	词项	相关度	词项	相关度
《纽约时报》报道主题	臭氧	0.014406359	亚马孙热带雨林	0.016183036	格陵兰岛	0.017459625	戈尔	0.011510791
	孩童	0.011425733	湖泊	0.015066964	补贴	0.013094718	草案	0.011031175
	迁徙	0.00993542	蒙古	0.013950893	下雨	0.012221737	鸟类	0.010551559
	冷却	0.009438649	鱼类	0.013392857	定价	0.010912265	女性	0.010071942
	雾霾	0.008941878	煤炭	0.01171875	共和党	0.010039284	合法地	0.009592326
	拉丁美洲	0.008941878	策略	0.011160714	冲突	0.008729812	默克尔	0.00911271
	连接	0.008445107	树木	0.009486607	岛民	0.008729812	融资	0.00911271
	清洁	0.008445107	巴西	0.008928571	年轻世代	0.007856831	受益	0.008153477
	文明	0.008445107	污染	0.008928571	致死	0.00698385	疾病	0.007673861
	合作	0.008445107	大西洋	0.008370536	诺贝尔和平奖	0.006110869	坎昆	0.007673861

第三章 《纽约时报》"他者"气候报道的风险启蒙媒体社会责任

LDA 获得的四个主题均是特征词构成的集合，每个主题都是《纽约时报》1990—2018 年不同时期"他者"报道的一个侧重点。表 3-2 集合了各主题的局部特征词，我们通过查阅语料对特征词做了人工判定，然后为主题命名。由于各主题的前五个词项与主题契合度较高，通过对词义的分析理解与归纳总结，我们将其命名为"气候变迁""'他者'遭遇""美国的气候政策""国际气候合作"。

第一，气候变迁。

主题一中的"臭氧""孩童""迁徙"等特征词是与该主题相关度较高的词项，其相关度分别为 0.014406359、0.011425733 与 0.00993542。气候变迁之所以成为这一阶段的主题，是因为美国在 1987 年遭遇了严重的干旱，引发了全社会对于气候变化议题的强烈关注。对此，美国主流媒体进行了大量报道并指向了一个核心问题："气候变化是不是导致这场干旱的罪魁祸首？"[①] 1988 年 6 月，美国科学家汉森（James Hansen）在国会听证会上发出了重大预警："全球气候变化是一个既定事实，有 99% 的可能性与二氧化碳的排放有关。"翌日，汉森的发言成为美国各大媒体的头版头条，《纽约时报》也首次策划了"气候变化"专题。仅仅三个月后，对"气候变化"有所耳闻或有所了解的美国民众就达到 58%。同年，联合国环境署与世界气象组织共同成立了联合国政府间气候变化专门委员会（IPCC），旨在对气候变化的各种影响进行评估。1989 年老布什就任总统后，《纽约时报》对气候变化的关注主要集中于两点：一是替代性能源的发掘；二是替代性能源发展政策的推动。这一时期，《纽约时报》的气候报道框架也集中于两点：一是气候变化对经济与环境造成的影响与冲击；二是技术进步与投资如何缓解大众对气候变化问题的焦虑。

从具体的报道来看，1990—1999 年《纽约时报》涉及"他者"的气候报道的标题分别是《全球气候变化是人类发展的动力》（*Global Climate Changes Seen As Force in Human Evolution*）、《新数据显示：气候变化以十年计，而非百年计》（*In New Data on Climate Changes, Decades, Not Centuries, Count*）、《一旦气候变化开启，其发展会十分迅速》（*If Climate Changes, It May Change Quickly*）与《人类活动对气候变化的影响越发明显》（*Human Imprint on*

[①] KROSNICK J, HOLBROOK A, VISSER P. The impact of the fall 1997 debate about global warming on American public opinion [J]. Public understanding of science, 2000, 9 (3).

Climate Change Grows Clearer）。从标题看，这些报道全都凸显了"气候变迁"这一主题，强调了气候变化对全人类在生存与发展上造成的巨大影响与冲击。

第二，"他者"遭遇。

在主题二中，特征词"亚马孙热带雨林""湖泊""蒙古""鱼类""煤炭"是与该主题相关度较高的词项，其相关度分别为 0.016183036、0.015066964、0.013950893、0.013392857 和 0.01171875。"他者"国家之所以受到巨大的气候变化影响，就是因为工业革命以来欧美发达国家以牺牲"他者"国家的利益完成了自身的财富积累。"他者"国家由于经济发展水平较低，因而缺乏有效应对气候变化的经济、技术与人才资源。无论是身处南美大陆的巴西，抑或是亚洲大陆的蒙古，在气候变化的影响下面临着湖泊、雨林与鱼类等方面的生态危机。1993—2012 年，巴西的亚马孙热带雨林的碳汇能力减少近 22 亿吨，相当于亚马孙流域多个国家 10 年间使用化石燃料产生的碳排放总量。而蒙古国在过去 10 年经历的干旱和热浪导致该国共有 1000 多条河流、湖泊干涸或断流，极端干旱和沙尘暴现象尤为严重。

从话语分析上看，在 2007 年 7 月 31 日题为《巴西重新考虑在气候变化问题上的政策》（Brazil, Alarmed, Reconsiders Policy on Climate Change）的报道中，作者将亚马孙热带雨林的变化与其他一系列自然灾害进行了关联，认为巴西居高不下的碳排放正在侵蚀亚马孙热带雨林。每年消失的雨林面积大约相当于美国的新泽西州，甚至更大。到 21 世纪中叶，温度的上升与土壤水分的减少将使热带雨林成为稀树草原。亚马孙热带雨林的树木被乱砍滥伐造成农业减产并诱发了飓风的出现，这不是一个将来时，而是正在发生的事实。2011 年 6 月 27 日《蒙古的气候变化》（Climate Change in Mongolia）指出：自 20 世纪 40 年代以来，蒙古的平均气温上升了 2.14℃，但降水量却几乎没变，这直接导致蒙古境内的许多湖泊消失不见，北部的森林生态环境发生了巨大变化。

第三，美国的气候政策。

美国的气候政策直接影响着全球气候变化的走势，原因主要有两点：一是美国是当今世界第二大碳排放国；二是美国的人均碳排放量居世界首位。基于这两个原因，美国的气候政策是否积极有效对国际社会是一个重要的信号，对于全球气候适应与气候治理有举足轻重的作用。

主题三中的"补贴""共和党""冲突"等特征词与该主题相关度较高，其相关度分别为 0.013094718、0.010039284 与 0.008729812。美国的两党制决定了其气候政策具有周期性与易变性的特点，因为共和党与民主党在气候政策议题上始终处于博弈状态，在要不要给化石燃料相关产业以"补贴"等问题上争执不下。美国皮尤研究中心的调查显示：68% 的民主党人认为气候变化亟须政府出台应对政策，而持此观点的共和党人只有 24%。① 在老布什执政时期，尽管美国政府已经意识到气候变化对经济与社会生活产生的重大影响，但各方在气候变化问题上的分歧使得美国政府并未将其上升至战略高度。克林顿执政时期，美国政府在气候变化的应对上稍显主动，签署了《京都议定书》。但遗憾的是，美国政府并未采取具体的减排行动，亦未将《京都议定书》提交参议院表决。2001 年小布什上台后，美国承认不断增加的温室气体是导致气候变化的罪魁祸首，并承诺 2025 年之后将逐渐减少碳排量。虽然小布什认识到了问题的严重性，却并未采取实质性措施限制碳排放。相较于前任，奥巴马的气候政策更为积极务实，主张实行基于市场机制的"总量管制与排放交易"。此外，奥巴马还确立了发展绿色经济与研发新能源的行动方案，探索新的经济成长模式，进而使美国从金融危机的阴霾中走出来。然而，2017 年特朗普上台后便大肆宣称气候变化是一个"骗局"，是"旨在削弱美国竞争力的谎言"，大开国内与国际气候政策倒车，不仅退出了《巴黎气候协定》，还对奥巴马政府的气候政策做了"急刹车式"的暂停、搁置与废弃处理，大幅削减环保署的预算，并进行了大规模裁员。② 美国社会学家迈克莱特（Aaron McCright）认为，美国民众对政治权利的追求也在某种程度上导致他们对气候变化没有其他国家民众那么热衷。

2016 年，美国盖洛普民调公司做了一项针对美国共和党、民主党与一般民众对于"气候变化是否被媒体夸大了"的调查，如图 3-8 所示。调查显示：1997 年，美国两党与一般民众对于"气候变化被媒体夸大"这一问题的看法仅有 10% 的差距；然而，随着时间的推移，三方在认知上的差距越来越大，两党的认知差距从最初的 10 个百分点增加到 47 个百分点。2012 年，布鲁尔（Robert

---

① Pew Research Center for the People and the Press. Support for Alternative Energy and Offshore Drilling [EB/OL]．(2010-03-02)[2021-08-02]．http://pewresearch.org/pubs/1509/alternative-energy-offshore-oil-drilling-nuclear-cap-and-trade.

② 刘元玲．特朗普执政以来美国国内气候政策评析[J]．当代世界，2019（12）：64-70.

Brulle)等美国学者针对 2002—2010 年受众对于气候变化政策的认知做了一项调查,结果显示:民众在气候变化关切度上的差异有 80% 来自媒体对于国会议员的立场与行动的报道。民主党议员的行动频率与受众的关切成正比,而共和党议员的行动频率则与受众的关切成反比。当国会议员的行动频率与媒体的气候报道成正比时,受众对于气候变化的关切随之提高;当国会议员的行动频率与媒体的关注度下降时,受众对于气候变化议题的关切随之降低。①

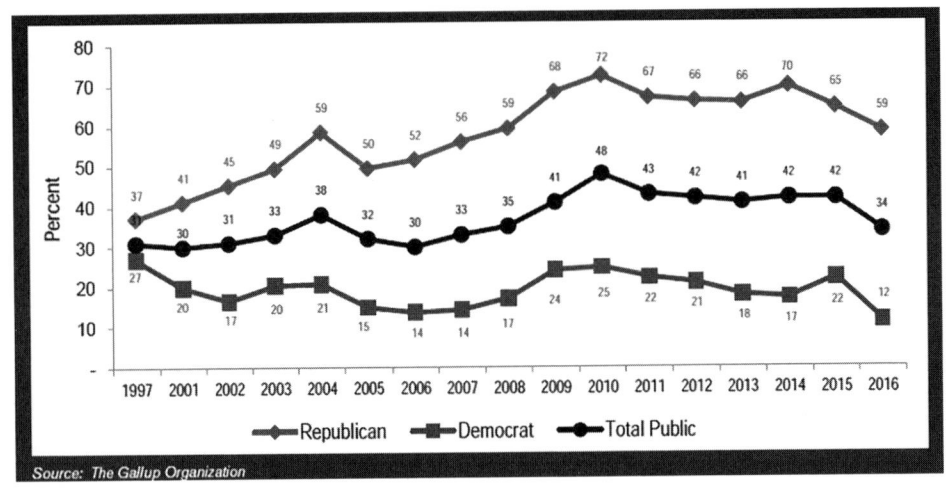

图 3-8 美国两党与民众认为气候变化被媒体夸大的比例

美国的气候政策对于"他者"国家或地区有着直接或间接的影响,譬如在 2009 年 5 月 29 日题为《岛民担心气候变化会加大联合国辩论的压力》(*Islanders Fearing Climate Change Press a U.N. Debate*)的报道中,作者指出:气候变化对于帕劳、孟加拉国与马尔代夫等南太平洋岛国及地势较低的印度洋国家有着直接的影响,而以美国为代表的发达国家在联合国的气候立场在很大程度上决定了这些国家能否生存下去。

美国前副总统戈尔凭借《难以忽视的真相》(*An Inconvenient Truth*)获得了 2007 年奥斯卡最佳纪录片奖,并拿下了当年的诺贝尔和平奖,这在很大程度上促使 2007—2009 年这一阶段《纽约时报》气候报道高潮的出现以及人们

---

① BRULLE R J, CARMICHAEL J, JENKINS J C. Shifting public opinion on climate change: an empirical assessment of factors influencing concern over climate change in the U.S., 2002-2012 [J]. Climate change, 2012, 114(2).

对于"他者"的关注。在《难以忽视的真相》中,戈尔以地球村公民的身份演示了气候变化对人类生活的巨大影响。由此,气候变化议题被引入一般美国人的新闻议程,驳斥了气候"怀疑论者"的质疑,将媒体、政府与受众三者进行了联结,形成了美国"自上而下"与"自下而上"的双重气候治理机制。

第四,国际气候合作。

1992年5月9日,联合国大会通过了《联合国气候变化框架公约》,在订立初衷、主要目标与指导原则等方面对气候变化表达了关切。自该公约被世界各国通过之后,各主要行为体都逐渐认识到应对气候变化时自身的社会责任与预防性义务。发达国家也意识到:自身的历史责任与代际责任是无法推卸的。它们在发展过程中的碳排放对当今与未来世界的和平、稳定与繁荣都有着无法回避的影响。因此,它们必须在气候变化议题上与发展中国家共同完成适应、补偿、认可与和解等一系列过程。自2000年以来,随着联合国政府间气候变化专门委员会对气候变化的大力宣传,国际社会对于气候变化引发的全球系统性危机的认识有了大幅提升。联合国安理会主办的气候变化与安全的公开辩论也在客观上加深了世界各国政府、媒体与公众对于气候变化的理解与认知。在应对气候变化这一人类共同风险问题上,"对话"与"合作"成了国际社会的最大公约数。

在国际气候合作的背景下,"戈尔""草案""合法地""默克尔""融资""受益"与"坎昆"等成为主体词项分别占0.011510791、0.011031175、0.009592326、0.00911271、0.00911271、0.008153477 和 0.007673861。20 世纪90年代末期,时任美国副总统的戈尔开始积极推动国际社会通过《京都议定书》,减少温室气体排放。2004年,戈尔创办了世代投资管理公司并担任主席。几年之后,他又成立了气候保护同盟。2007年,他参与制作的环保纪录片《难以忽视的真相》获得了奥斯卡最佳纪录片奖,并为他赢得了诺贝尔和平奖,打消了美国社会在气候变化问题上的疑虑,为采取更为积极的气候政策营造了有利的舆论环境。而"默克尔""融资""坎昆"等词项则说明在《联合国气候变化框架公约》基础上每年召开一次的缔约方大会成了发达国家与"他者"国家在减排、融资与技术援助等方面进行辩论与协商的主要管道,是国际合作的重要平台。譬如,在2014年9月21日题为《推动气候变化新协定受到长久以来财富差异的制约》(*Push for New Pact on Climate Change Is Plagued by Old*

Divide of Wealth）的报道中，作者指出：德国在联合国气候峰会上的态度与中国和印度等国趋同，都未对峰会的结果抱以太高期望。在2017年6月2日题为《中国会扛起全球气候治理的大旗吗？难度较大》（*Can China Take the Lead on Climate Change? That Could Be Difficult*）的报道中，作者指出：德国与中国在美国退出《巴黎气候协定》后在应对气候变化上达成一致，旨在为推动一个更加绿色的世界而共同努力。在同一天的另一篇题为《与美国气候立场相左的国家重申：应对气候变化的立场不变》（*Defiant Other Countries Reaffirm Fight Against Climate Change*）的报道中，德国对中国的减排承诺表达了赞赏，并表示未来将加大与中国、印度等"他者"国家的合作。作为全球气候治理合作中的关键词，"融资"是发达国家与发展中国家矛盾的焦点之一。2009年，在丹麦首都哥本哈根召开的《联合国气候变化框架公约》第15次缔约方大会上，发达国家集体承诺：2010—2012年，将通过各类国际机构向发展中国家提供约300亿美元的快速启动资金，以支持它们的气候适应与气候治理。不仅如此，发达国家还承诺：在2020年之前，每年将为发展中国家调配1000亿美元的气候资金。

从这些词项的变化上看，《纽约时报》在有关"他者"的气候报道的焦点上经历了"缺场"——"在场"、"冲突"——"合作"与"旁观者"——"领导者"的转向，这不仅是国际气候合作的媒介再现，也为更加广泛深入的全球气候治理合作营造了舆论环境。

第二节 "他者"气候报道情感分析

百度自然与处理的编程接口——百度API，针对带有主观描述的中文话语，可自动判断该话语的情感极性类别，并给出相应的置信度。情感极性分为积极、消极、中性等三种类型。百度API整体精度高，且对长句也有较好的识别效果。因此，本研究选用其情感倾向分析接口作为分析数据情感极性的工具。接着，使用R语言的ggplot2包对1990—2018年《纽约时报》新闻中包含"气候变化"并涉及"他者"的报道的情感值进行可视化处理（图3-9）。

第三章 《纽约时报》"他者"气候报道的风险启蒙媒体社会责任

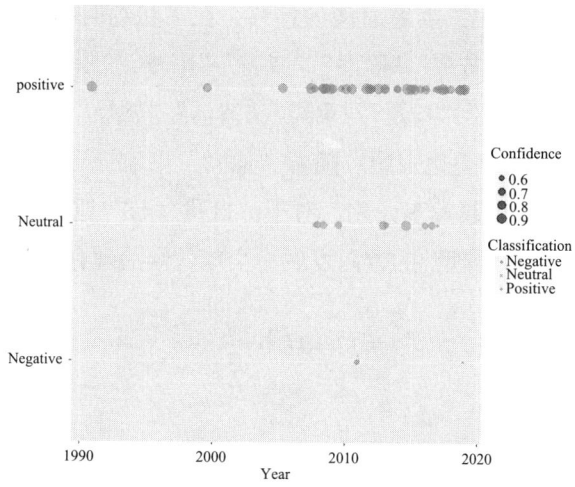

图 3-9 1990—2018 年《纽约时报》"他者"气候报道情感分析

由图 3-9 可以看出：第一，1990—2018 年，《纽约时报》有关"他者"气候变化的文章数量越来越多；第二，对"他者"的积极性报道逐年增加，消极性报道逐年减少。通过对相关文章进行分词、去停用词处理，并用 get_sentiments 函数获取每一个词项的情感值分数，得出情感值偏积极和消极的前十名词项如图 3-10 所示。

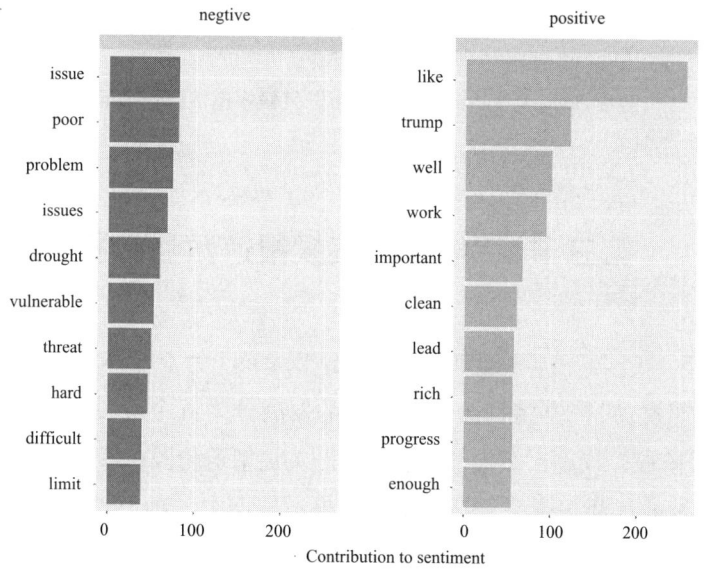

图 3-10 《纽约时报》"他者"气候报道情感值前十名词项

由图 3-11 可以看出，随着时间的推移，在《纽约时报》涉及"他者"的气候报道中，"问题""贫穷""脆弱""威胁""困难""限制"等词项出现的频率越来越低，而"喜欢""有效""重要""清洁""领导""进展"等词项出现的频率越来越高。这种变化表明：随着"他者"国家综合实力的提升，《纽约时报》观察它们的角度越发多元化，对于"自我"与"他者"的关系定位也从"二元对立"向"合作治理"的方向发展，全球气候治理存在较大的想象空间。

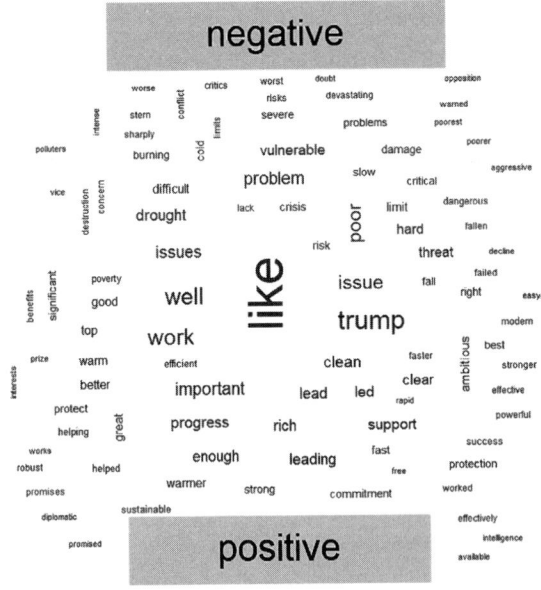

图 3-11 《纽约时报》"他者"气候报道情感值词云图

第三节 "他者"气候报道数量分析

1972 年，美国经济学家唐斯（Anthony Downs）针对媒体的议程设置提出了"注意力周期模式"，并将社会公共议题的发展分为五个阶段：议题前期阶段、发现与预警阶段、议题大幅报道阶段、议题关注消退阶段、议题消逝阶段。[①] 就《纽约时报》的气候报道来看，在不同的报道周期中，对于"他者"的关注度、

---

① DOWNS A. Up and down with ecology: the "issue-attention cycle" [J]. Public interest, 1972(28).

戏剧性、冲突性与媒介话语等方面都体现出不同的特征。①

从图3-12可以看出,《纽约时报》1990—2018年有关"他者"气候变化的报道并非逐年递增,而是随着时间的推移呈现出螺旋式上升的趋势:1990—2006年,报道的数量保持在一个较低的水平;从2007年开始,报道的数量有了一个明显的跃升;之后震荡上行,在2014年达到高峰,随后又有所下降。

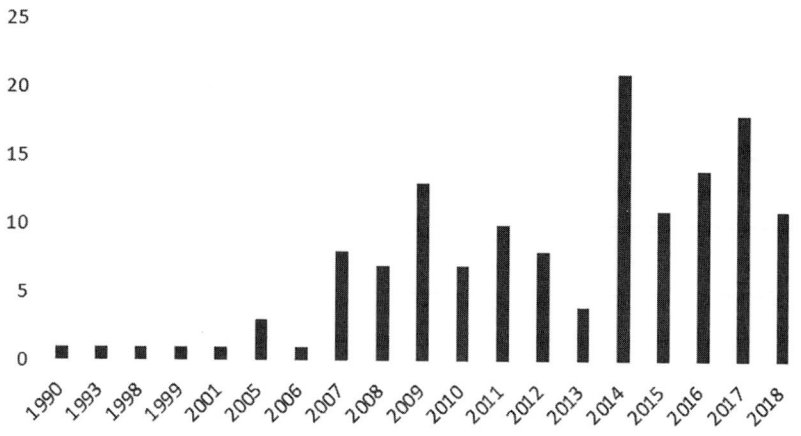

图3-12 1990—2018年《纽约时报》"他者"气候报道数量

在第一阶段(1990—2006年),《联合国气候变化框架公约》第三次缔约方大会(COP3)至第六次缔约方大会(COP6)相继召开。1997年,第三次缔约方大会通过了《京都议定书》,成为气候变化受到国际社会高度关注的一个重要标志。②严格来说,《京都议定书》是国际社会第一个具有法律约束力的减排文件,旨在"将大气中的温室气体含量稳定在一个适当的水平,以保证生态系统的平衡适应、安全生产和经济的可持续发展"。它规定:缔约方国家(主要为发达国家)在第一承诺期(2008—2012年)要在1990年的排放基础上再减少5.2%的排放量,并对签约各国制定了国别减排指标。然而,在此后的几届会议上,《京都议定书》因可操作性不强而面临被抛弃的命运。在2000年召开的第六次缔约方大会上,发达国家与发展中国家在技术开发与转让、能力建

---

① 陈潇潇.全球变暖风险的国际媒介建构——以中美通讯社报道为例[D].武汉:武汉大学,2010.
② AGRAWALA A. Context and early origins of the intergovernmental panel on climate change[J]. Climate change,1998,39(4).

设和资金机制等问题上的分歧逐渐加大。

第二阶段（2007—2009年）是《纽约时报》对气候变化中的"他者"报道增加的阶段。在此期间，该报重点关注了事关《京都议定书》前途命运的两次重要气候会议，分别是2007年召开的巴厘岛气候大会（COP13）与2009年召开的哥本哈根气候大会（COP15）。在《纽约时报》对巴厘岛气候大会所作的报道中，大会通过的"巴厘路线图"成为报道的焦点，因为该路线图不仅凸显了国际气候合作的重要性，还将气候适应、技术开发与转让及资金援助等在之前的谈判中被忽视的问题推向了前台。此外，《纽约时报》还重点关注了美国在此次会议上所做的让步：美国同意接受2009年前应对气候变化的工作草案，客观上促成了"巴厘路线图"的通过。相较于未对发展中国家的排放标准进行规定的《京都议定书》，"巴厘路线图"对"他者"国家提出了更多、更具体的要求，这为《纽约时报》的"他者"报道提供了素材。虽然哥本哈根气候大会从结果上看不能算是"胜利的大会"，但它却成了迄今为止最受全球关注的一次气候会议，使气候变化这一原本纯粹的科学议题演变为涵盖多个领域的全球性议题，成为国际关系博弈的"主战场"之一。虽然美国、中国、印度、巴西和南非等28国共同起草了《哥本哈根协议》，但世界各国在减排目标与是否要废弃《京都议定书》等问题上仍存在着不小的争议。[1]

第三阶段（2010—2013年）是《纽约时报》对气候变化中的"他者"报道的波动阶段。这一阶段召开了第16次至第19次缔约方大会（COP16—COP19）。从报道数量上看，这四年《纽约时报》与"他者"有关的报道量分别为7篇、10篇、8篇、4篇，均低于2009年的13篇，呈现出明显的起伏。随着《京都议定书》的正式生效，国际气候谈判迎来了转机，《纽约时报》的报道数量也较上一阶段有了小幅上扬之势。虽然2007年"巴厘路线图"的通过为今后两年的气候变化谈判奠定了基础，但全球金融危机导致各国对气候变化的关注开始减少，国际气候变化谈判又一次陷入僵局。[2]

第四阶段（2014—2018年）为《纽约时报》对气候变化中的"他者"报

---

[1] MICHAELOWA K, MICHAELOWA A. (2012). Negotiating climate change [J]. Climate policy, 2012, 12 (5).

[2] HALLDING K, JURISOO M, CARSON M, ATTERIDGE A. Rising powers: the evolving role of BASIC countries [J]. Climate policy, 2013, 13 (5).

道大幅提升的阶段，2014年有21篇，2015年有11篇，2016年有14篇，2017年有18篇，2018年有11篇，年平均报道量为15篇。究其原因，主要是这一阶段召开了第20—24届缔约方大会（COP20—COP24），与会各国都意识到国际合作在应对气候变化上的必要性与重要性，美国也开始对气候变化中的"他者"予以重新观照，由中国、印度、巴西和南非组成的"基础四国"（BASIC）和"小岛屿国家联盟"（AOSIS）成为"他者"的典型代表，越来越受到《纽约时报》的关注。

第四节 "他者"气候报道框架分析

新闻框架是指媒体通过选择现实的某些层面，将文字、符号、语汇或形象等要素在传播话语中凸显出来，从而更好地对某一特定问题进行定义。[①] 由此来看，"框架从来就不是中立的，而是一个定义问题、辨别原因、作出道德判断并影响政策方案的策略"[②]。包括气候报道在内的各种类型的传播都需要选择合适的框架，帮助受众理解某一特定社会问题、议题或事件。在美国传播学者麦库姆斯（Max McCombs）等人看来，框架策略是"第二级议程设置"，记者对报道题材与报道内容的选择都具有强大的议程设置作用。[③] 在这个过程中，各利益方会展开"框架竞争"。美国学者卡拉基（Kevin M. Carragee）等人认为，媒介框架并非存在于政治真空中，而是会受到政治人物、组织与社会运动等利益相关者的影响，各种不同的利益相关者彼此争权夺利，而是对于风险建构产生了十分重大的影响。[④]

美国媒介社会学中的框架研究与社会及政治权力的分配直接相关，传播者（如记者）在气候报道中会特别强调气候变化对环境、经济、公共卫生等领域

[①] ENTMAN R M.（1993）. Framing: toward clarification of a fractured paradigm [J]. Journal of communication, 1993, 43 (4).

[②] O'NEILL S J, WILLIAMS H T, WIERSMA T, BOYKOFF M. Dominant frames in legacy and social media coverage of the IPCC fifth assessment report [J]. Nature climate change, 2015, 5 (4).

[③] MCCOMBS M, LLAMAS J P, LOPEZ-ESCOBAR E, REY F. Candidate images in Spanish elections: second-level agenda-setting effects [J]. Journalism & mass communication quarterly, 1997, 74 (4).

[④] CARRAGEE K, ROEFS W. The neglect of power in recent framing research [J]. Journal of communication, 2004, 54 (2).

造成的影响。比利时学者莫诺（Renée Moernaut）等人将气候变化的报道框架分为七大类，即"不确定性/冲突框架""经济和技术框架""危言耸听/灾难框架""责任框架""道德与伦理框架""健康与安全框架""转变框架"。① 德国学者威斯勒（Hartmut Wessler）等人在话语与图像聚合的基础上提出了"多模态新闻框架""全球气候变化受害者框架""民间社会诉求框架""政治谈判框架""可持续能源框架"。② 在此基础上，美国学者波尔森（Toby Bolsen）与沙皮洛（Matthew A. Shapiro）对《纽约时报》的气候变化框架做了梳理，并将其归纳为"科学共识/科学不确定框架""经济后果框架""环境后果框架""道德/伦理框架""灾难框架""政治冲突框架""国家安全框架""公共卫生框架""自我效能框架""外部效能与反应效能框架"等11种。③ 这种归纳对于《纽约时报》在现代技术语境下所做的各种类型的气候报道进行了较为全面的梳理，在过去的框架分类基础上又向前迈进了一步。

为考察1990—2006年、2007—2009年、2010—2013年以及2014—2018年四个阶段《纽约时报》"他者"气候报道框架策略的变化及其折射出的媒体在公众气候认知与舆论上的强大议程设置能力，本研究将《纽约时报》1990—2018年的141篇报道根据内容的不同制定了一个框架策略标准，从以下两个方面展开。

第一部分为描述性统计，直观简洁地找出框架策略的演变趋势，观察《纽约时报》对于"他者"气候变化报道重点的变化；第二部分为假设检验，探究框架策略如何随着时间的变化而变化，以及对下一阶段的策略进行预测。

第一部分：描述性统计。

研究根据时间与其对应的框架策略做了一份二维列联表3-3，由表我们可以发现：首先，随着时间的推移，框架策略的数量整体呈增长趋势，不同行为体发声的机会愈来愈多；其次，不同框架策略在不同时期的数量不尽相同。由于数值较多，下面以图表形式进行解释说明。

---

① MOERNAUT R, MAST J, PAUWELS L, Framing climate change: a multilevel model [J]. Handbook of climate change communication, 2017, 3 (1).

② WESSLER H, WOZNIAK A, HOFER L, LUCK J. Global multimodal news frames on climate change: a comparison of five democracies around the world [J]. The international journal of press/politics, 2016, 21 (4).

③ BOLSEN T, SHAPIRO M A. The US news media, polarization on climate change, and pathways to effective communication [J]. Environmental communication, 2017, 12 (2).

第三章 《纽约时报》"他者"气候报道的风险启蒙媒体社会责任

表 3-3 时期 × 框架策略交叉表

时期	冲突	处理措施	国际政策	国内政策	会议成果	经济	科技	人权	行为	影响	预测	责任	总计
1	3	0	0	0	0	1	0	0	0	4	0	1	9
2	1	4	6	3	0	1	2	0	1	5	2	3	28
3	2	3	3	0	2	3	1	0	0	11	4	0	29
4	5	10	11	4	5	4	1	1	0	15	8	11	75
总计	11	17	20	7	7	9	4	1	1	35	14	15	141

研究以框架策略为 X 轴,框架数量为 Y 轴,四个时间段为分区,我们可以直观地发现:随着时间的推移,《纽约时报》涉及"他者"的气候报道越来越多,框架策略的数量与类型都在逐渐增加。

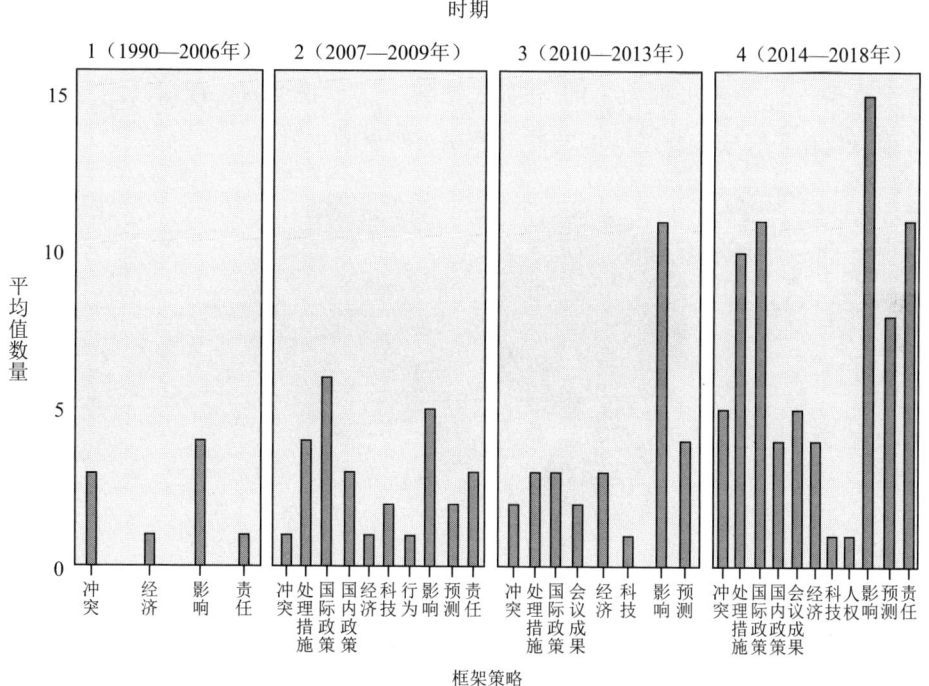

图 3-13 不同时期框架策略平均值数量

同时我们也发现,不同框架策略在不同时期的数量不尽相同。1990—2006 年策略数量最少,只有 9 个;2014—2018 年最多,达到 75 个,呈现井喷式增长。图 3-14 显示,4 个时期中,影响框架策略数量最多,为 35 个,其次是国际政策框架策略数量，为 20 个。《纽约时报》在报道气候变化时，不仅密切关注内容带来的影响，而且会积极搜集国际社会应对策略及解决办法。

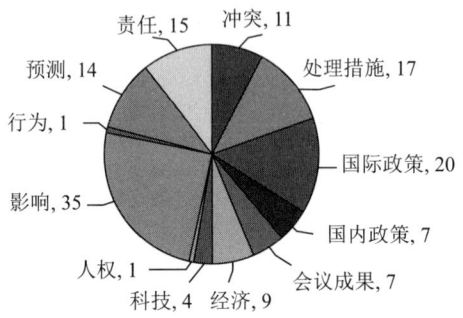

图 3-14　1990—2018 年框架策略数量饼图

接下来，我们看一下各个时期的框架策略情况。1990—2006 年这一阶段《纽约时报》的"他者"气候报道只有四种类型的框架，分别是影响框架（4）、冲突框架（3）、经济框架（1）和责任框架（1），说明这一阶段《纽约时报》将重点放在了气候变化的影响与冲突等噱头明显的主题上。

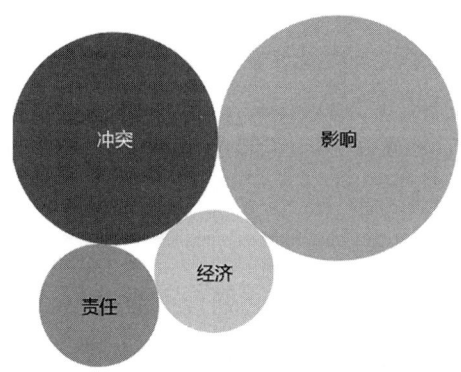

图 3-15　1990—2006 年框架策略

2007—2009 年《纽约时报》的"他者"气候报道框架逐渐增多，排名靠前的是国际政策框架（6）、影响框架（5）与处理措施框架（4）。由此可见，此时的《纽约时报》更加关注气候变化的全球治理策略。

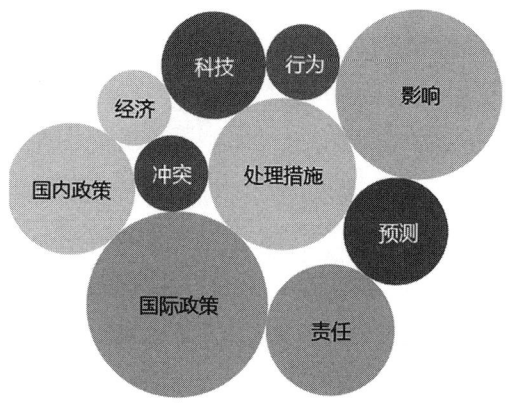

图 3-16　2007—2009 年框架策略

2010—2013 年《纽约时报》的"他者"气候报道框架排名靠前的是影响框架（11）、预测框架（4）、处理措施框架（3）、经济框架（3）和国际政策框架（3）。

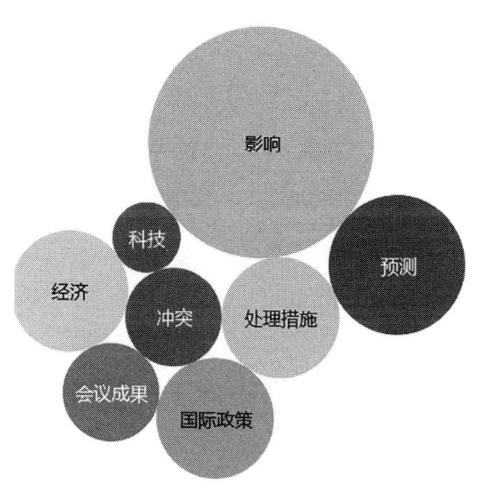

图 3-17　2010—2013 年框架策略

2014—2018 年《纽约时报》的"他者"气候报道框架排名靠前的是影响框架（15）、国际政策框架（11）和责任框架（11）。与前三个阶段不同的是，国际政策框架与责任框架数量此时一跃成为排名前三的关注点。这说明《纽约时报》开始意识到美国在与"他者"合作进行全球气候治理中的责任，以及"他者"在全球气候治理中扮演的重要角色。

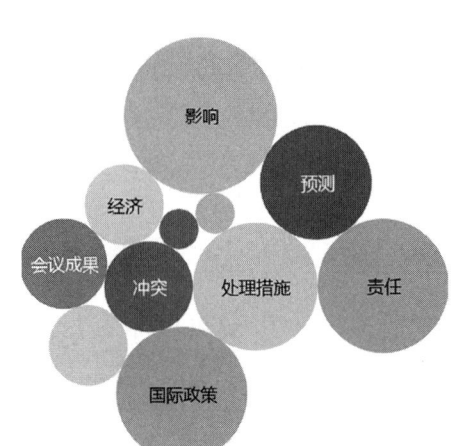

图 3-18　2014—2018 年框架策略

我们分类型研究策略走向，可以发现：影响框架的数量最多，且走势一直向上，第 2 至第 3 时期向上走的趋势最为明显。其次是国际政策框架和处理措施框架。不过二者皆在第 2 至第 3 时期出现大幅下降，在第 3 至第 4 时期又出现明显回升。数量较少、发展缓慢的是人权框架和行为框架，二者各期策略数均未超过 2；科技框架发展也呈现下降趋势，策略数量已接近 1（图 3-19）。

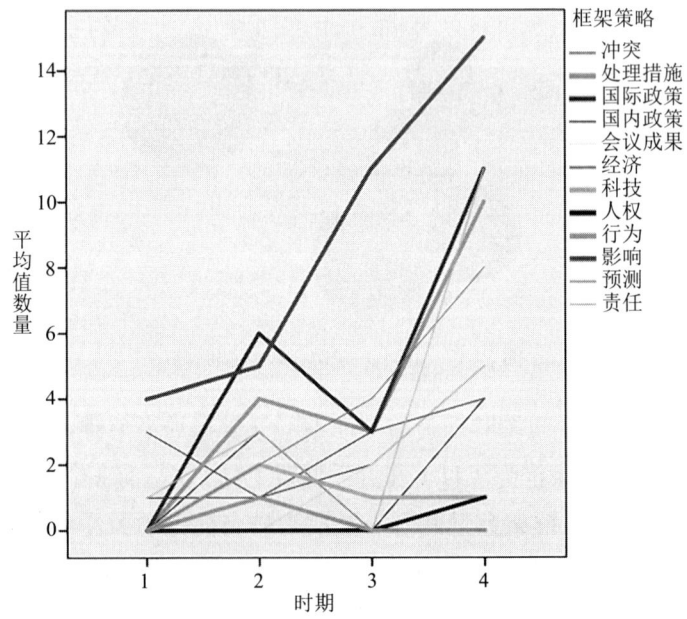

图 3-19　1990—2018 年框架策略折线图

第二部分：假设检验。

从上述图表中，我们可以基本了解各框架策略的历史走势，但是对于一些有升有降的序列并不能直接判断其走势，且数据服从的分布也不清楚，故这里尝试采用非参数检验的方法来确定下一阶段的走势情况。首先简单介绍一下 Mann-Kendall 趋势检验。

对于数据序列 $x_1, x_2, \cdots, x_n$，先要确定 $\dfrac{n(n-1)}{2}$ 对形如 x_i-x_j，$i>j$ 的符号，它们分别是 $x_2-x_1, x_3-x_1, \ldots, x_n-x_1, x_3-x_2, x_4-x_2, \ldots, x_n-x_{n-2}, x_n-x_{n-1}$。令 $sgn(x_i-x_j)$ 为一符号函数，其值由 x_i-x_j 的符号决定，即 $sgn(x_i-x_j)=\begin{cases}1, & x_i-x_j>0 \\ 0, & x_i-x_j=0 \\ -1, & x_i-x_j<0\end{cases}$

计算 Mann-Kendall 统计量。$S=\sum_{k=1}^{n-1}\sum_{j=k+1}^{n}sgn(x_j-x_i)$

在大样本条件下，可用正态近似法进行检验。在小样本条件下，可通过查表获得相应 p 值进行检验。考虑到我们每个策略只有 4 期数据，因此采用查表方式。

表3-4 1990—2018年框架策略趋势检验

框架策略	时期1	时期2	时期3	时期4	Mann-Kendall	p值
责任	1	3	0	11	2	0.734
预测	0	2	4	8	6	0.084
影响	4	5	11	15	6	0.084
行为	0	1	0	0	-1	＞0.734
人权	0	0	0	1	3	0.47
科技	0	2	1	1	1	＞0.734
经济	1	1	3	4	5	0.092
会议成果	0	0	2	5	5	0.092
国内政策	0	3	0	4	3	＞0.308
国际政策	0	6	3	11	4	0.308
处理措施	0	4	3	10	4	0.308
冲突	3	1	2	5	2	0.734

结论：当设定显著性水平为 0.1 时，预测、影响、经济和会议成果等框架策略会有 90% 左右的可能性拒绝无趋势的假设，即它们在最新一期中有明显的提升趋势。这说明未来，预测、影响、经济与会议成果等框架策略将是《纽约时报》关注的重点。

第四章 美国媒体气候报道中"他者"形象的历时性演变

通过第三章对 1990—2018 年《纽约时报》"他者"气候报道的频率与框架策略的历时性演化分析,我们可以看出:从历时维度看,《纽约时报》对于"他者"在气候变化应对上的关注度呈上升趋势,但对于后者在全球气候治理上的立场、态度与情感上的变化却缺乏关注。《纽约时报》在气候传播过程中不仅向社会传递了各种道德观念,而且根据自身的传播逻辑对这些道德观进行了改造。因此,关注公共气候变化辩论背后道德话语建构亦十分重要,我们可以从中观和微观的视域出发,对文本进行框架分析与话语分析,通过事实、论点与论据关注新闻文本背后蕴含的基于国际关系的情感与价值观。

第一节 美国国家立场视域下的"他者"形象建构(1990—2006 年)

自诩为政府"第四部门"的媒体在国际关系中是表达并维护国家利益的工具。研究表明,美国主流媒体的国际新闻报道议程与美国政府的外交政策基本一致。从政治层面说,国家利益是媒体报道与国家政策基本一致的原因;从技术层面说,媒体采集国际新闻时的资源限制迫使它们不得不依赖于政府作为消息源。作为 20 世纪 90 年代以来的一种全球性话语,气候报道是国家立场、民族立场与国际视野共同作用的结果。从整体上说,在全球气候治理的媒介话语中,国家立场与民族立场往往能超越国际视野而主导《纽约时报》的媒介话语。尽管《纽约时报》对于"他者"国家气候报道的数量呈递增趋势,但从报道态度来看，因循本土框架和美国国家立场视域的负面报道占据了很大的比重。法国《回声报》副主编伊兹拉莱维奇（Eric Izraelewicz）在《当中国改变世界》一书的结尾处写道："20世纪，闯进世界经济瓷器店的只有几只老鼠（日本、韩国等），它们不会造成多大的损失。而今天，进入商店的是一头可能造成惨重损失的大象。"① 在这里，大象指的是以中国为代表的新兴发展中国家，也就是《纽约时报》眼中的"他者"。在这一阶段，《纽约时报》并不认可"发展中国家的碳排放量大幅提升是发展经济的天然结果"这一逻辑，反而将以中国为代表的发展中国家视为气候变化的问题制造者，这与发达国家工业革命以来的巨大的碳排放事实明显不符。

气候变化既是一个全球性的生态议题，亦是一个复杂的国际政治、经济、外交与文化议题。从传播社会学的角度看，全球气候变化报道应重点关注"气候变化衍生的公平与正义问题"。早在2000多年前，亚里士多德就在《政治学》中指出："属于大多数人的公地受到的爱护往往最少，因为人们通常只关心个人所得，而忽视公共利益。"英国学者霍布斯描述的自然状态中的人为了寻求自身的利益而相互厮杀，也反映了这种公共问题。② 当前，发达国家与发展中国家在发展程度、地理环境与需求取向上的差异导致共同行动缺乏逻辑基础，这也是当下全球气候治理分歧的主要原因。由于历史上一直处于被殖民与被掠夺的弱势地位，发展中国家近几十年进行的碳排放都是为摆脱贫困与发展经济的需要；与此相对，发达国家是气候变化的罪魁祸首，它们理应用工业革命以来收获的发展红利反哺国际社会，为发展中国家应对节能减排提供更多的资金与技术支持。

然而，就1990—2006年《纽约时报》的"他者"气候报道来看，气候政治的话语一直由美英等西方国家的专家和精英所主导，平民以及他们的兴趣、观点和声音被完全湮没了，更遑论其他国家的消息源了。这一阶段，《纽约时报》主要关注以中国、印度、巴西和南非为代表的"他者"国家温室气体的排放总量，却忽视了"这些国家的人均排放量仅有发达国家三分之一"的事实，严重背离了"环境正义"原则。《纽约时报》并未充分履行在全球气候变化报

---

① 郭小平.西方媒体对中国的环境形象建构——以《纽约时报》"气候变化"风险报道（2000—2009）为例［J］.新闻与传播研究，2010（04）：18-30.
② 赵斌.退向未来：全球气候政治的伦理反思［J］.当代世界，2021（05）：34-40.

道中应扮演的四种角色,即气候变化议题的设置者、气候变化知识的解释者、气候变化谈判的助推者和应对气候变化行动的沟通者。相反,它运用大量的话语修辞将气候变化议题转换成为经济议题与科技议题,企图掩盖美国"转移环境风险"的新殖民主义逻辑。

具体而言,这一阶段《纽约时报》的气候报道对于"他者"的形象建构主要体现在以下三点:

一、"受害者"与"对立者":气候风险下的"他者"形象

从报道数量看,1990—2006年"他者"在《纽约时报》气候报道中的出现数量较少,仅有9篇。通过对这9篇报道的框架分析,我们可以发现,《纽约时报》对20世纪90年代气候变化引起的海平面上升、区域降雨量变化、热浪、沙漠化、粮食减产、食品安全、沿海基础设施被淹以及沿海城市被淹等巨大风险进行了详尽的介绍。在这一阶段出现的影响、责任、经济与冲突等四种框架中,影响框架占50%。由此可以看出:尽管这一阶段《纽约时报》关注的焦点更多指向气候变化对于"他者"的巨大影响,但并没有揭示发达国家的历史排放才是气候变化的真正原因,并未指出气候变化的责任应由已经享受到经济发展红利的发达国家来承担,只是单纯地将"他者"构建成一个在面对气候变化时无能为力的"受害者"与发达国家的"对立者"形象。

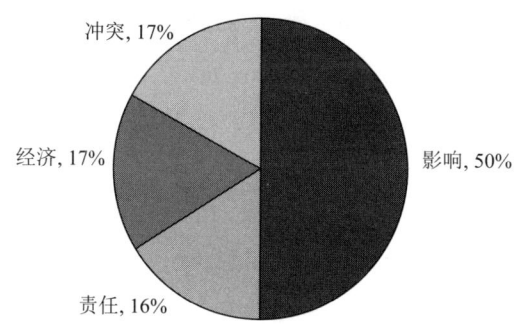

图4-1 1990—2006年《纽约时报》气候报道中"他者"的框架分布

在这一阶段,美国社会在气候变化的认知上存在着较大的分歧。尽管1995年联合国政府间气候变化专门委员会发布的报告明确指出"科学界已经认识到人类活动是气候变化最主要的原因",气候运动人士、气候科学家与

环境政策制定者之间也达成了"气候变化是一个真实存在的社会问题"的共识,但仍然有一些保守的机构与产业代表以保护自身利益为由,对气候变化的成因表达了质疑。比如美国共和党顾问伦茨就建议游说者与国会议员将气候变化问题建构为"科学性不确定"的框架,并将美国缺席国际气候谈判归因于"气候治理对美国经济是一个不平等的负担"。正是因为这种分歧,美国的共和党与民主党对于要不要加入《京都议定书》在媒体上展开了一场激烈的辩论。

这一时期,《纽约时报》对于"他者"的气候适应与气候治理的政策与实践关注偏少。譬如,在题为《全球气候变化是人类进化的动力》(*Global Climate Change Seen As Force in Human Evolution*)、《新数据显示气候变化以十年计,而非百年计》(*In New Data on Climate Changes, Decades, Not Centuries, Count*)、《一旦气候变化开启,速度会很快》(*If Climate Changes, It May Change Quickly*)与《人类活动对气候变化的影响越发明显》(*Human Imprint on Climate Change Grows Clearer*)等报道中,《纽约时报》分别从历史维度与现实维度就气候变化对"他者"影响的现状与成因做了分析与阐述。在《一旦气候变化开启,速度会很快》的报道中,作者指出:"海平面上升、干旱、暴雨、热浪和洪水会对一些地区有益,却会对另一些地区造成很大伤害。"作者援引哥伦比亚大学地球研究院专家的观点对气候变化的人为因素做了一个形象的比喻:"气候变化是一头愤怒的猛兽,而我们正在用棍棒刺激它。"此外,作者还借专家之口,将气候变化对一些经济与社会发展相对弱势的"他者"的冲击进行了分析:"气候变化已经对非洲和中东等新兴国家和地区造成了灾难。"此外,作者指出:"火山爆发引发的硫酸盐气溶胶已经扩散到了平流层,将在全球范围散播并造成地球的冷却,这在菲律宾的皮纳图博火山表现得尤为明显。"在这篇文章中,作者十分明确地指出了气候变化对人类社会造成的巨大影响,凸显了"他者"国家的"受害者"形象。

这一时期,《纽约时报》除了将"他者"形塑为"受害者"之外,还将其塑造为发达国家在全球气候治理中的阻碍与"对立者"的形象,这从 2005 年 11 月 27 日、12 月 4 日和 12 月 6 日的报道使用的冲突框架中可见一斑。在题为《加拿大的不信任投票对联合国气候变化会议造成了威胁》(*No-Confidence Vote in Canada Threatens U.N. Climate Change Meeting*)的报道中,作者指出:

"若没有一个有约束力的目标,中国、印度和其他发展中国家的温室气体排放都会飙升。"正是基于这个原因,《纽约时报》才将布什政府拒绝签署《京都议定书》解释为:"该议定书并未对发展中国家的温室气体排放量予以限制。"不仅如此,作者还援引众多环境学家的警告,凸显中国与印度等国家的排放威胁。在《气候变化议题上的思维方式开始变化》(*On Climate Change, a Change of Thinking*)的报道中,《纽约时报》再度将美国在国际气候谈判中采取消极态度的原因指向以中印为代表的"他者"国家:"在《京都议定书》签署以后,包括经济快速增长的中国与印度在内的很多发展中国家都坚定地认为,即便它们可能在未来数年成为温室气体排放的主要来源,但它们依然不接受减少碳排放的条款。《京都议定书》之所以在现阶段陷入僵局,不仅是因为协议本身存在瑕疵,更多是因为一些发展中国家的经济增长对能源的消耗几乎超过了所有人的预期,而目前全世界尚未有化石能源的替代性能源……发展中国家为了发展经济与提升民生不惜燃烧各种能源。"

这一阶段,《纽约时报》之所以对"他者"关注度较低并将其气候治理形象建构为"被动治理",主要有两方面的原因:一方面,此时美国对气候变化这一议题的关注尚处于"开启"阶段,它的气候传播议程设置主要集中在说服美国国内气候怀疑者的启蒙阶段,对"他者"的关注度相对欠缺;另一方面,以《纽约时报》为代表的美国官方与相关利益产业对以中国为代表的新兴国家的强势崛起表现出普遍焦虑。因此,美国媒体通过媒介话语建构了"他者"在气候治理上的负面形象,在很长一段时间里,选择性地报道"他者"在履行全球气候治理责任上所做的努力;对"他者"在环境污染、意识形态、政治体制等方面的状况进行了较为严厉的批评;在"他者"的气候应对与气候治理的议程设置上表现出严重的刻板印象与脸谱化倾向。

二、"失语者":消息源缺失的"他者"形象

消息源包括两层含义:一是提供有关研究、写作或新闻信息的人、书籍或文件;二是信息的提供者。为研究方便,本研究采用第二层含义。与其他现实要素相比,消息源在媒体报道中扮演的角色受到的关注最为显著。[①] 尽管记

[①] SCHLESINGER P, HUMBER H, MURDOCK, G. The media politics of crime and criminal justice [J]. British journal of sociology, 1991, 42 (3).

者有选择消息源的自由，但后者对前者在新闻采编上的反制作用更大。对于消息源的重要作用，美国学者门彻（Melvin Mencher）指出："消息源是维持记者生命的血液，不通过消息源接触信息的记者根本无法开展工作。"① 在新闻报道中，消息源的选取是观察记者和媒体所持立场与偏向的重要维度，是考察新闻真实性、客观性与权威性的重要标准，专业而权威的消息源更能凸显新闻的可信度和价值感。作为新闻报道的线索和来源，消息源被视为报道议题的"框架定义者"。② 处理好与消息源的关系不仅是记者需要面对的首要问题和基础性工作，也是媒介伦理的一个重要构成要素。③ 西方主流媒体十分注重消息源的地位，纷纷将其纳入自己的新闻报道规范。路透社、美联社、《纽约时报》与《华盛顿邮报》等具有全球影响力的媒体对此有着非常具体且操作性较强的原则，其中最重要的有三条，分别是诚实原则、透明原则和多源核实原则。

在《纽约时报》的"他者"气候报道中，不同消息源的能见度差异不仅凸显了它们在气候传播中的媒介话语权，更折射出话语差异背后的"社会分层"与"权力等级"。在这一阶段，《纽约时报》的气候报道主要是在所谓"科学视域"下进行的气候传播话语建构，其中大多数信息源都来自美英两国的专家与学者，"他者"国家的专业观点处于严重的"隐匿"与"缺场"状态。《纽约时报》对"他者"所做的气候报道与其说是科学精神观照下的"客观理性分析"，不如说是在美国价值与美国立场视域下的一种居高临下的"俯视"。美国学者拉西（Stephen Lacy）等人通过对《纽约时报》进行研究后发现：在环境议题的报道中，政府和企业充当消息源的频率明显更高，而消费者与环保主义者作为消息源的概率较低。④

从《纽约时报》这一阶段的具体报道来看，消息源的类型较为单一，美英两国科学家的消息源有31个，占所有43个消息源中的72%。《纽约时报》在框架策略的选择上过分凸显美国本土，而湮没了同样是气候治理行为体的"他

---

① 张宸.当代西方新闻报道规范：采编标准及案例精解［M］.上海：复旦大学出版社，2008：1.
② 曾繁旭，戴佳，王宇琦.技术风险VS感知风险：传播过程与风险社会放大［J］.现代传播，2015（03）：40-46.
③ 陈新平.记者与消息源关系的伦理尺度［J］.中国出版，2011（18）：36-39.
④ LACY S, COULSON D. Newspaper source use on the environmental beat［J］. Newspaper research journal, 2000, 21（1）.

者"。针对媒体在消息源上的偏向性选择,美国学者蒂彭萨(Jaclyn Dipensa)与布鲁尔(Robert Brulle)提醒道:"新闻媒体可能会成为生产霸权的重要机构,媒体在不同的场域扮演了不同的角色,有时是'看门狗',有时是'哈巴狗'。"① 换言之,《纽约时报》这一时期对于"他者"的再现不仅是单纯的科学解读,也是从政治、社会与文化等视角出发对自然的解读。正因为如此,环保人士消息源往往不是记者的主要选项,正如英国文化学者霍尔(Stuart Hall)在《控制危机》一书中指出:"官方消息源是新闻报道的'首要定义者',相较于其他消息源具有更高的合法性与可信度,因而更能被媒体采用。"② 对消息源折射出的权力与社会的不平等,美国学者卡尔森(Matt Carlson)予以了揭露。在他看来,新闻报道对于消息源的厚此薄彼其实就是社会知识分配不均的集中体现。③

记者的气候报道框架在新闻话语中表露无遗,各个利益方都通过消息源角色凸显自身的框架重要性,而不同利益方框架出现频率的高低则体现了其吸引媒体关注程度的能力。梵·迪克指出:气候变化的讨论必须置于一定的历史语境中才有意义。1990—2006 年,《纽约时报》气候报道中的"他者"话语仍然是由美英两国所主导的。尽管美英两国在气候变化上的应对与研究起步较早,但是"他者"消息源的缺失显然无法呈现一个客观完整的全球气候变化图景。

这一阶段"他者"消息源的缺失主要有两方面的因素:一是《纽约时报》对于气候变化中"他者"的关注相对较少,更多是在传播美国国内气候的时候顺带提及的;二是《纽约时报》未意识到"他者"的重要作用,"他者"在气候治理理念与技术上的进步没有进入《纽约时报》的视野。与此同时,"文化政治"在这一阶段成为影响《纽约时报》报道数量与视角的一个重要因素。所谓"文化政治",是指意义的建构与协商是一个动态、竞争的过程,在这个过程中,话语的强势方与沉默方共同建构了意义。然而,《纽约时报》却通过

---

① DISPENSA J M, BRULLE R J. Media's social construction of environmental issues: focus on global warming--a comparative study [J]. International journal of sociology and social policy, 2003, 23 (10).

② HALL S, CRITCHER C, JEFFERSON T, CLARKE J, ROBERTS B. Policing the crisis: mugging, the state, and law and order [M]. London: Macmillan, 1978.

③ CARLSON M. Dueling, dancing, or dominating? journalists and their sources [J]. Sociology compass, 2009, 3 (4).

"厚此薄彼"的框架策略强化了"自我"话语,将"他者"话语边缘化了。

三、"风险责任者":话语置换下的"他者"形象

如前所述,1990—2006年气候变化中的"他者"形象建构主要是由《纽约时报》的媒介话语完成的,气候报道中的风险认称、风险来源、风险责任、风险治理等概念与风险受害者、风险研究者、风险仲裁者、风险告知者等角色都是由西方国家的专家和学者界定并扮演的。在这一阶段,《纽约时报》气候报道中的"他者"形象塑造过于突出美国话语,凸显了《纽约时报》的国家主义立场。

从《纽约时报》这一阶段的气候报道来看,归因与归责是其中的核心话语。在美国社会心理学家维纳(Bernard Weiner)看来,归因具有自发性,当人们处于不安定的风险状态中,会本能地寻求对风险因果逻辑的追溯和研判。归责则是与归因既有联系又有区别的两个概念。归因直接指向的是事而非人,而归责则明确地指向作为过错方的人,是针对人的纯粹价值判断,试图说明"应该怎样或不应该怎样",投射出归咎者和责任人之间敏感的矛盾与冲突的关系。归责是对归因的拓展,二者由动机联结在一起。当人们在归因的可控性维度上作出肯定的判断时,动机过程就由原因推测转向对行为者的评价。这样一来,行为者的失败就会被归为不够努力,这个人被视为对此结果负有责任。由此,从归因到归责就实现了风险焦点从"论事"到"论人"的价值转向。

气候变化中的归责与政治及道德等因素有着不可割裂的关系,美国历史学家史莱辛格(Arthur M. Schlesinger)就将归责视为一种政治隐喻,认为它有助于人们对复杂的社会问题进行推理。尽管美国的大气科学研究处于世界领先地位,但过多运用"自我"的视角使得其在观察气候变化这一全球风险时将责任归属更多集中在"他者"身上,不能为全球受众呈现出客观全面的"他者"气候变化图景。(见表4-1)

表 4-1 《纽约时报》气候变化报道中的责任归属

		频率	百分比	有效百分比	累积百分比
有效性	地球的历史演化	2	.9	.9	.9
	西方发达国家工业化与城市化的后果	32	14.7	14.7	15.6
	以中印为代表的发展中国家的经济发展负效应	37	17.0	17.0	32.6
	全球化	44	20.2	20.2	52.8
	其他	103	47.2	47.2	100
	总计	218	100.0	100.0	

在《气候变化需要我们转变思维》(*On Climate Change, a Change of Thinking*)的报道中,"他者"的"风险责任者"形象表现尤为明显。作者认为,国际社会对于《京都议定书》的乐观情绪之所以回落,并不是因为发达国家未履行减排承诺,而是因为一些发展中国家拒绝减排,这也直接导致美国参议院的反对和总统布什的拒绝签字。目前全球气候治理的僵局并非因为《京都议定书》本身存在问题,而是为了实现经济增长和生活水平提高的目的,一些发展中国家不惜以各种形式燃烧能源。与此相对,在题为《布什总统称"将在气候议题上扮演领导角色"》(*In President's Words: "A Leadership Role on the Issue of Climate Change"*)的报道中,《纽约时报》全文刊载了时任美国总统布什所做的气候变化演讲:美国参议院有 95% 的议员反对签署《京都议定书》,这并非推卸美国在全球气候治理上的责任,而是因为该议定书在很多方面缺乏现实性,只对发达国家的减排目标予以限定,却并未规定发展中国家的减排责任。如果美国真的在议定书上签字,经济将遭受重创,且失业率会飙升。

通过这种责任归属对比可以发现,《纽约时报》一旦在报道框架中将国家立场凌驾于全球风险治理之上,气候变化与气候治理议题就会被形塑为科技、经济与政治议题。如此一来,美国在风险治理上的技术优势与产业优势就被强化了,媒介逻辑与资本逻辑在全球气候话语中就达成了默契,遮蔽了西方发达国家 200 多年来大规模碳排放的历史事实与历史责任。在这种叙事策略的主导下,"他者"成了气候变化的符码。

在媒体的风险话语建构中,话语置换是一种重要的传播机制,被视为一种

"替换式修辞"。法国后现代主义理论家拉康（Jacques Lacan）认为，置换在无意识中遮盖了主体的欲望。① 气候变化牵扯到多方利益主体的交锋，因此气候报道并非单一、封闭的叙事话语，而是可供各种文化与意识形态相互交锋的"观点的自由市场"，尤其是可以作为主流意识形态进行话语置换的象征资源。因此，媒体不仅要争取新闻话语权，更要在话语置换中设定风险议程。1990—2006 年，《纽约时报》没有考虑到"他者"的具体发展问题，放大了"他者"对环境污染方面造成的威胁。不仅如此，《纽约时报》还对风险的"责任归属"进行了多重话语置换，在涉及中国的气候报道中总会加上"中国将超过美国成为世界最大的碳排放国"与"中国在《京都议定书》的框架下不受温室气体排放总量限制"等表述，给中国贴上"不负责任的碳排放大国"的标签。然而，在涉及本国利益的问题上，《纽约时报》会通过以美国专家学者为代表的消息源建构气候话语，极力突出中国的气候治理责任。由此，美国国家主义形塑了气候变化论述的"话语霸权"。

第二节　国际气候谈判中的"他者"形象建构（2007—2009 年）

全球气候治理是在维护全球生态安全与人类共同利益下展开的国际合作行动，是在现行多边体制下的一种共商共建与制度探索。然而，各方在责任与义务分担以及权力与效益分享等具体方案和机制上存在较大的分歧。当前，全球气候治理面临三大调整：一是"逆全球化"思潮对全球气候治理的影响不断加深，全球气候治理模式呈现出治理失灵、无政府与成效甚微的状态；二是中、美、欧三边博弈使得全球气候治理呈现出新的趋势，即双边层次上的"三角共处"与多边层次上的美欧与中国竞争的态势；三是主体多元化和机制碎片化使得全球气候治理更趋复杂。②

自 1972 年 6 月联合国人类环境会议在瑞典首都斯德哥尔摩召开以来，全

---

① 方汉文．后现代主义文化心理：拉康的理论［J］．国外社会科学，1998（06）：39-44．
② 柴麒敏．全球气候治理是一面时代的镜子［EB/OL］．（2019-12-31）［2021-05-20］．http://www. https://www.thepaper.cn/newsDetail_forward_5382448．

球气候治理合作之路已走过了近半个世纪,为人类社会的生存与可持续发展作出了不可磨灭的贡献。在应对气候变化上,联合国及其附属机构始终扮演着"一个不变的中心点"的角色,不仅为人类的可持续发展提供了全球性的标准,也为全球事务的治理提供了值得尝试的运作机制。[①] 换言之,联合国为我们提供了一些有价值的"国际公共商品"。作为当今世界上最大的多边机构,联合国以其普遍的道义立场和全方位的协商机制成为当代"国际公共商品"的主要提供者。在全球政府"缺场"的情况下,全球社会的运行只能通过"治理"而非"统治"实现。在联合国的框架下,全球治理不仅包括政府间的多边谈判,也包括政府与非政府机构、非政府机构之间达成的"全球契约"与"人民契约"。在联合国政府间气候变化专门委员会主导的国际气候谈判框架下,《纽约时报》2007—2009年对于"他者"形象的建构主要体现在以下三点。

一、"个体"—"集体":国际气候谈判中的"他者"形象

通过对《纽约时报》2007—2009年的历时性话语分析我们可以发现:相较于1990—2006年,这一阶段《纽约时报》气候报道中的"他者"的覆盖面更广、更多元,涵盖亚洲、非洲、拉丁美洲与大洋洲等四大洲的17个国家和地区。如亚洲的中国、印度、孟加拉国、马尔代夫和中东地区;非洲的埃及、南非、塞内加尔、卢旺达、苏丹和马拉维;拉丁美洲的巴西、墨西哥、哥伦比亚、智利和哥斯达黎加;大洋洲的帕劳和巴布亚新几内亚。在这一阶段,"他者"有时是以单个国家的形式出现,有时是作为一个整体出现的。其中,由中国、印度、巴西与南非等四个主要发展中国家组成的"基础四国"(BASIC)和由43个小岛及低洼海岸线国家构成的"小岛屿国家联盟"(AOSIS)成为"他者"的典型代表。从人口数量上看,2010年"基础四国"的人口约占世界人口的40%;从经济体量上看,"基础四国"分别在各自地区占据GDP总量的榜首。

与"基础四国"相比,小岛屿国家联盟虽然面积小、人口少,但它们在联合国的席次却占五分之一,是国际气候谈判中一股不可忽视的力量。小岛屿国家联盟各成员国地理状况独特,在国际气候谈判中一直坚持自身的利益诉求。在联合国架构下,小岛屿国家联盟代表小岛屿发展中国家进行游说和谈判。[②]

[①] 郭隆隆,俞冠敏,林国炯,等.联合国新论[M].上海:上海教育出版社,1995:21.
[②] 曹亚斌.全球气候谈判中的小岛屿国家联盟[J].现代国际关系,2011(08):39-43.

作为气候变化议题上相对弱势的"他者",小岛屿国家的经济实力较弱,对国际资金与技术的需求更为迫切。它们难以有效地单独参与国际气候谈判与全球气候治理,必须发挥团队的力量才能为自己争取合法权益。在 2009 年出台的《小岛屿国家联盟气候变化宣言》中,联盟就呼吁发达国家牵头支持小岛屿发展中国家和其他弱势国家积极应对气候变化,提高对这些国家的资金援助与技术支持的力度。

在这一阶段,《纽约时报》对基础四国与小岛屿国家联盟的关注有了较大提升,主要有两方面的原因:一是美国政府、社会与媒体普遍意识到这两个国家联盟对于美国在应对气候变化上具有重大影响,任何将它们排除在全球气候治理大门之外的想法都是不切实际的;二是它们自身在应对气候变化上具有越来越强的结构性权力,成为"他者"国家应对气候变化的"风向标"。① 作为国际气候谈判的重要行为者,基础四国与小岛屿国家联盟的出现对美国和欧盟这两个长期主导国际气候谈判的行为者造成了巨大的冲击,"他者"国家应对气候变化中的利益诉求终于有了更为强有力的代言人。

从具体的报道来看,在 2007 年 4 月 7 日《科学家对极地到热带地区的气候变化问题逐一梳理》(Scientists Detail Climate Changes, Poles to Tropics)的报道中,作者援引联合国气候变化专门委员会主席的话:"气候变化会对中东、撒哈拉以南的非洲与墨西哥等国家和地区都会产生重大影响,这些地区的贫困人口在适应气候变化冲击时的能力最弱,帮助他们成了全球责任。"在 2007 年 7 月 31 日《受到惊恐的巴西重新考虑在气候变化问题上的政策》(Brazil, Alarmed, Reconsiders Policy on Climate Change)的报道中,作者指出:"到 21 世纪中叶,温度的上升与地表水的减少将使得亚马孙东部地区的热带雨林被热带稀树草原所取代。不仅如此,农作物也将因为气温的上升而减产,这样会增加饥荒的风险。"在 2007 年 9 月 25 日《联合国秘书长敦促尽快采取措施应对全球气候变化》(U.N. Chief Urges Fast Action On Global Climate Change)的报道中,联合国秘书长潘基文呼吁世界各国领导人将对气候议题的关注提上重大议程:"今天,对气候变化质疑的时代已经过去了。" 2007 年 10 月 13 日《戈尔因气候变化共享诺贝尔和平奖》(Gore Shares Peace Prize For Climate Change

---

① 高小升.试论基础四国在后哥本哈根气候谈判中的立场和作用[J].当代亚太,2011(02):87-107.

第四章　美国媒体气候报道中"他者"形象的历时性演变

Work）的报道首先介绍了 IPCC 和美国前副总统戈尔一起获得 2007 年诺贝尔和平奖的新闻，之后借由诺贝尔奖委员会的颁奖词将 IPCC 的贡献总结为"在全球范围内达成了人类活动与全球暖化关联的广泛共识"。在 2008 年 10 月 9 日《气候变化辩论在哥伦比亚举行》(Debate Over Climate Change at Columbia)的报道中，《联合国气候变化框架公约》秘书处执行秘书德波尔对瑞士提出的"对国际社会征收每吨碳排放两美元"的建议十分赞赏："这样一来，贫穷国家也会加入控制碳排放的进程中。"在 2008 年 12 月 11 日《美国的转变阻碍了气候变化谈判》(U.S. Transition Hampers Talks on Climate Change)的报道中，作者对《联合国气候变化框架公约》第 14 次缔约方大会（COP14）进行了详细的报道，对美国与"他者"国家在减排议题上的分歧做了深刻的剖析。作者先是援引菲律宾代表团成员的话："在气候变化议题上我们有一种紧迫感，但美国与欧盟的政治发展却绑架了我们，除了等待，我们别无选择。"之后，作者又援引德波尔的话："没有美国参与的气候协定意义不大。"总结时，作者援引联合国基金会主席的话："美国奥巴马政府如果要打下全球气候治理的基石，就必须与中国等国家在提升能源利用率上合作。尽管每个人都在等待美国这个主要力量的加入，但还需要许许多多的其他力量共同参与，才能实现全球气候治理。"在 2009 年 5 月 29 日《岛民担心气候变化会加大联合国辩论的压力》(Islanders Fearing Climate Change Press a U.N. Debate)的报道中，作者指出："在接下来的几天里，联合国大会有可能第一次通过一个将气候变化与国际和平与安全联系在一起的决议。这个来之不易的决议是由 12 个岛国争取来的，呼吁联合国更多关注因气候变化造成的全球范围的动荡局势并采取相应的措施。这些太平洋岛国不仅会因为气候变化造成土地被淹，像图瓦卢和基里巴斯等国甚至有遭遇灭顶之灾的风险。"在 2009 年 9 月 20 日《100 多个领导人即将会面讨论气候变化，各自都让别国率先采取行动》(You First, Nations Say, as 100 Leaders Prepare to Meet on Climate Change)的报道中，作者对发达国家与发展中国家在碳排放方面的分歧做了十分具体的阐释：联合国秘书长潘基文呼吁各国领导人超越国家利益，以全球视野看待气候变化议题。然而，奥巴马政府并没有响应欧盟"在未来 10 年捐资 20 亿—150 亿美元帮助发展中国家应对气候变化"的提议，其理由是："任何排放限定的目标必须由国内法执行，而非国际条约。"因此，美国希望中国先采取行动。

二、"受害者"—"参与者":全球气候治理中的"他者"形象

2007—2009年,《纽约时报》对气候变化和气候治理中的"他者"的关注与它们在国际气候谈判中力量的提升密切相关,"他者"国家推动达成的国际气候协议对于美国等发达国家未来的排放目标与治理责任有着十分重要的影响。通过话语分析我们可以发现:《纽约时报》涉及"他者"的气候报道共有28篇。其中,以"联合国"为关键词检索出51处,以"联合国政府间气候变化专门委员会(IPCC)"为关键词检索出10处。可见,在这一阶段,"他者"气候报道主要是以联合国政府间气候变化专门委员会为主导、在《联合国气候变化框架公约》的缔约方大会的框架下展开的。大会成为以美国为代表的发达国家和以中国为代表的发展中国家气候博弈的主要平台。

从《纽约时报》的报道框架来看,这一阶段的框架明显较1990—2006年更为多元,尤其是在联合国政府间气候变化专门委员会主导下展开的国际合作框架最为丰富,占所有框架的38%。在应对气候变化上,国际社会进行了广泛的合作,并达成了各项协定。客观地说,这些国际协定的达成倒逼那些在国际气候谈判中犹豫不决的发达国家重新审视国内的气候政策。与此同时,发达国家与发展中国家相应的责任框架与处理措施框架也在不断细化,全球气候治理逐渐从文字落实到行动。

1990—2006年,《纽约时报》建构气候变化的影响框架时将"他者"视作一个整体,是走马观花式的考察;2007—2009年,《纽约时报》建构气候变化的影响框架则对"他者"进行了较为深层的发掘与较为全面的剖析。从覆盖范围看,涉及亚洲、非洲、拉丁美洲及大洋洲的17个国家和地区。但在这一时期的报道中,那些经济与科技发展水平较低的"他者"更多是以气候变化的"受害者"与"受助者"的形象出现的,因为气候变化不仅使这些国家的生态环境遭遇严重破坏,而且导致持续不断的贫困与冲突。在新闻话语层面,《纽约时报》对"他者"的报道更多是援引联合国政府间气候变化专门委员会专家的观点或评估报告,通过科学话语评估气候变化的风险。

从影响框架看,在《卢旺达是气候变化风险的又一例证》(*Rwanda as an Example of the Dangers of Climate Change*)的报道中,作者对气候变化的影响做了全景式的扫描:气候变化使沙漠化现象越来越严重,导致可耕地面积越来

第四章 美国媒体气候报道中"他者"形象的历时性演变

越少。在印度和中国，气候变化造成了严重的水资源短缺。不断升高的海平面可能会将沿海城镇淹没并引发大规模的人口迁徙……而在《气候变化是一种安全威胁，会耗尽军费》（*Climate Change Seen as Threat To Security and Drain on Military*）的报道中，作者对气候变化的影响做了进一步说明：未来20—30年，撒哈拉以南、中东、南亚和东南亚等地都将面临气候变化导致的粮食短缺、用水危机和洪灾等风险，需要美国给予人道主义援助或军事援助；南苏丹持续不断的冲突已经造成数以万计的人员伤亡，这是北方干旱和沙漠不断扩大的结果；气候变化将对世界产生巨大的地缘政治影响并导致一系列问题，包括贫困、环境恶化与政府地位的弱化。在《海龟成为哥斯达黎加气候变化的受害者》（*Turtle Tours, and Turtles, Are Casualties of Climate Change*）的报道中，作者对气温上升给海龟生存造成的威胁进行了详细的介绍："气候变化使海水的温度与酸度越来越高，造成珊瑚大量死亡，这给在太平洋已经生活了1500万年的以珊瑚为食的海龟造成了致命一击。当下，气候变化的速度比以往任何时候都快，而这些海洋动物的生存对温度依赖程度很高。"

从国际政策框架来看，5篇报道与在《联合国气候变化框架公约》机制下展开的国际合作有关，见表4-2。

表4-2 2007—2009年《纽约时报》"他者"报道的国际政策框架

日期	标题	框架
2007.5.2	《联合国任命气候变化特使》 （*World Briefing United Nations: Climate Change Envoys Appointed*）	国际政策
2007.9.25	《联合国秘书长敦促各国尽快采取措施应对全球气候变化》 （*U.N. Chief Urges Fast Action On Global Climate Change*）	国际政策
2007.11.18	《联合国秘书长试图在气候变化上寻求更多领导力》 （*U.N. Chief Seeks More Leadership on Climate Change*）	国际政策
2008.10.9	《气候变化辩论在美国哥伦比亚大学举行》 （*Debate Over Climate Change at Columbia*）	国际政策
2009.2.5	《中美专家都看到双方存在应对气候变化的合作机会》 （*Experts in U.S. and China See a Chance for Cooperation Against Climate Change*）	国际政策

从上述报道可以看出，联合国在提升人类对于气候风险的认识、持续发布科学和权威的气候评估报告、为各国提供科学的政策依据、为多边气候谈判提供平台、协调各方利益矛盾以及凝聚社会共识等方面发挥了不可替代的作用。① 在国际政策框架下，《纽约时报》这一阶段建构的"他者"形象是气候治理的"参与者"，主要是通过以下两方面完成的。

第一，《纽约时报》通过美国政府、企业、基金会、智库与公民在国际政策框架下进行的气候治理国际合作凸显了"他者"的"参与者"形象。如在《联合国秘书长敦促各国尽快采取措施应对气候变化》的报道中，作者在导语中就指出了"他者"对于美国的重要性："尽管美国总统布什对联合国气候变化会议的内容不完全同意，但是包括美国前副总统戈尔与加州州长施瓦辛格在内的许多重要人士都对联合国的气候变化政策表达了支持。"在消息源上，作者援引施瓦辛格的观点："当前要做的事情就是让美国跳出气候变化的争论并立刻采取行动……所有国家的责任就是行动，行动，行动！"此外，作者还援引美国前副总统戈尔、英国环境部部长本与法国总统萨科齐等多方观点，对美国拒绝与其他国家在应对气候变化上采取集体行动表达了反对，并认为："如果不采取集体行动，气候变化将变得越来越危险。"通过这样的话语分析我们可以发现，在应对气候变化过程中，与"他者"合作已经成为美国有识之士的广泛共识：只有与"他者"一道，全球能源的变革及社会经济发展的低碳转型才能成为现实。在《联合国秘书长试图在气候变化上寻求更多领导力》的报道中，作者在导语中援引联合国秘书长的观点："气候变化已成为这个时代最大的挑战，中美两国应扮演更具建设性的角色……我们没有足够的时间去构思一个完美的气候协定以取代《京都议定书》，我们不能将时间浪费在口舌之争上，必须立即采取集体行动应对之。"在帮助"他者"应对气候变化的问题上，联合国环境规划署负责人的观点更为明确："发达国家应帮助发展中国家适应气候变化，选择更为清洁的能源。"通过这样一种"自下而上"的全球气候治理报道，《纽约时报》构建了一个与美国政府视域不同的、更为理性客观的"他者"形象，在一定程度上发挥了媒体在公共事务中的作用。

---

① 石晨霞.联合国在全球气候变化治理中面临的困境及其应对[J].国际展望，2014(03)：126-143.

这一时期,《纽约时报》不仅援引了官员与学者的观点,还引入了很多非政府组织的声音,如绿色和平组织(Greenpeace)、地球之友(Friends of the Earth)、世界资源研究所(World Resources Institute)、国际环境法中心(the Center for International Environmental Law)与皮尤气候变化中心(Pew Center on Global Climate Change)等。① 它们作为智库向政府部门提供决策参考,以专业之姿穿梭于各方进行调解,扮演了"信息分享"与"能力建构"的角色。大众媒体增强了非政府组织的资源动员能力,成为非政府组织中的某种文化资本;非政府组织则通过社会舆论动员促进了公共舆论的兴起,并由此引发各国政府的关注,最终推动了国内与国际气候政策的出台。②

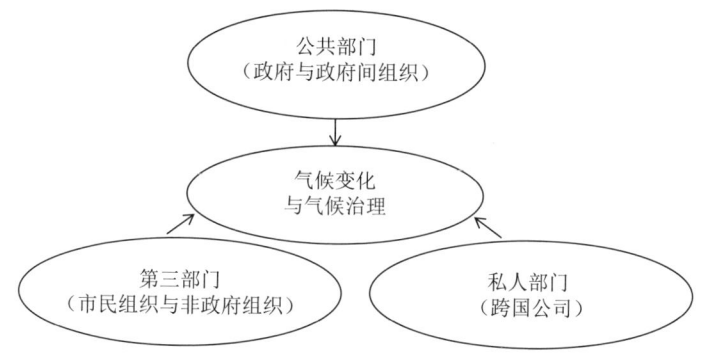

图 4-2　全球气候治理下的三位一体

由图 4-2 可以看出,全球气候治理与公共部门、市民组织、非政府组织以及跨国公司等行为体关联紧密。非政府组织可以通过舆论动员,直接或间接地影响大众对于气候变化的态度。不仅如此,它们还可借由观察员的身份参与国际气候谈判,甚至协助政府谈判。非政府组织参与气候治理可以分为三个阶段:一是治理机制拓展中的萌芽阶段(1997—2007 年),这一阶段非政府组织可以注册为气候变化缔约方大会的观察员旁听并列席会议;二是治理行为体多元化背景下的影响力快速提升阶段(2008—2014 年),这一阶段其数量、视域、利益诉求及政策建议都对国际气候政策议程和气候谈判进程有着重大的影响;三是机制互动中的参与程度不断强化阶段(2014 年至今),这一阶段气候治理机

---

① ANDONOVA L B. Transnational climate governance[J]. Global environmental politics, 2009, 9(2).
② 郭小平. 风险社会的媒体传播研究:社会建构论的视角[M]. 北京:学习出版社, 2013: 38.

制已从一种"单中心"机制变为"多元弱中心"的复合体。① 有学者坦言:"专家在气候变化领域中的政治参与在国际政治中前所未有,没有来自科学界的声音,气候变化议题根本无法进入国际政治话语。"② 当非政府组织成为《纽约时报》的消息源时,它们便扮演了共同命运的"倡导者"角色,能够帮助美国政府与其他气候治理行为体更好地认知自我。③

第二,《纽约时报》借由科学观点凸显了与"他者"合作的正当性。《纽约时报》对2007年奥斯卡最佳纪录片奖《难以忽视的真相》(*An Inconvenient Truth*)以及戈尔获得诺贝尔和平奖一事进行了广泛报道,这种名人效应促使2007—2009年《纽约时报》对于气候变化的报道达到高潮。在《难以忽视的真相》中,戈尔一改往日刻板木讷的政治外表,以地球村公民的身份展示了气候变化的负面影响,将气候变化议题与一般美国人的新闻议程深度结合在一起,驳斥了此前甚嚣尘上的气候"怀疑论"。这些怀疑论者要么认为气候变化是正常的自然现象,要么认为气候变化不过是绿色能源产业为了自身的经济利益提出的"伪命题"。《难以忽视的真相》的热映使得媒体、政府与受众三者之间的联结更为紧密,"自上而下"与"自下而上"的双重气候治理机制开始成形。在《戈尔因气候变化纪录片与IPCC共同获得诺贝尔和平奖》(*Gore Shares Peace Prize For Climate Change Work*)的报道中,作者用戈尔获得诺贝尔和平奖这一事件证明了美国社会在气候变化与气候治理的立场上存在着巨大的差异。作者援引印度气候学家的观点指出:"戈尔获得诺贝尔奖和平标志着科学精神战胜了怀疑主义。"不仅如此,诺贝尔奖委员会主席也表示:"此次颁奖对没有加入《京都议定书》的美国政府是一次沉重的打击,我们希望包括大国在内的所有国家都能好好斟酌在应对气候变化上应采取哪些具体的措施。"在《哥伦比亚大学的气候变化之辩》(*Debate Over Climate Change at Columbia*)报道中,作者援引哥伦比亚大学地球研究院主任萨克斯(Jeffery Sachs)的观点,明确指出在应对气候变化过程中,发达国家对"他者"应承担的责任:"现阶段,国际社会应对气候变化的措施还远远不够,应尽快建立全球性的基金以

---

① 李昕蕾,王彬彬.国际非政府组织与全球气候治理[J].国际展望,2018(05):136-156.
② BOEHMER-CHRISTIANSEN S. Britain and the international panel on climate change: the impacts of scientific advice on global warming [J]. Environmental politics,1995,30(1).
③ 罗辉.国际非政府组织在全球气候变化治理中的影响——基于认知共同体路径的分析[J].国际关系研究,2013(02):51-62.

资助新技术的研发,帮助发展中国家应对气候变化。"在《中美专家都看到双方存在应对气候变化的合作机会》(*Experts in U.S. and China See a Chance for Cooperation Against Climate Change*)的报道中,作者不仅援引了学者的观点,也引用了官员的观点指出:"中美两国在气候变化上的合作跨越了双方在贸易、朝鲜半岛等问题上的分歧,对全世界都具有重大意义。"与此前报道不同的是,本篇报道不仅援引了美国学者和官员的观点,也援引了中国学者和官员的观点,凸显了在气候变化问题上,中美两个大国合作的可能性与必要性。

除了聚焦中国外,《纽约时报》对印度在气候治理上扮演的"参与者"角色也给予了极大关注。《纽约时报》以《印度在气候变化上的新剧本》(*New Script for India on Climate Change*)为题,对印度在应对气候变化上的态度做了介绍:印度在2009年9月召开的联合国气候变化峰会上减少了对发达国家的批评,提出了温室气体减排的新计划……印度将成为协议的"达成者",而非"破坏者"。作者又援引印度总理辛格的讲话,展现了印度政府进行气候治理的决心:"应对气候变化与解决污染、能源安全甚至国家安全等问题是息息相关的。因此,印度不会成为哥本哈根气候大会的阻碍。印度一定会成为解决方案的一部分,而非'问题制造者'。"

通过这些报道,《纽约时报》向受众传递了一个重要信息:气候变化不仅是环境问题,更是发展问题。气候变化正演变为一个融环境治理、国际政治、世界经济与贸易等维度在内的复杂议题,"他者"的参与能够为解决气候变化问题作出积极贡献,从而极大地提升全球气候治理的道义性话语权,摆脱"集体行动的困境"。

三、"边缘者"—"博弈者":气候地缘政治中的"他者"形象

当前,气候变化已从一个单纯的生态环境问题演化为融地缘政治与经济议题在内的宏大叙事,是各个国家集团应对气候变化时在具体问题上不同立场的博弈。[①] 在这三者中,经济因素是基础,生态环境的科学认知是前提,政治意愿是动力。中国和印度等发展中国家在气候地缘政治中的角色已从过去无足轻重的"边缘者"发展为与发达国家共同商讨的"博弈者"。作为当今世界上三

---

① 吴静,韩钰,朱潜挺,王铮.国际气候谈判中的国家集团分析[J].中国科学院院刊,2013(06):716-724.

大碳排放国，美国、中国和印度在应对气候变化问题上成了举足轻重的"利益攸关者"，既有巨大的合作空间，又存在着较复杂的博弈关系。

2007—2009 年，作为与美国博弈中最大的"他者"力量，中国和印度在《纽约时报》国际气候谈判与全球气候治理的报道中出现的次数分别是 56 次和 71 次。气候行动追踪组织（Climate Action Tracker）表明：中印两国的气候治理政策比美国更超前，近几年全球的碳排放增速放缓首先要归功于中国与印度燃煤量的下降。通过框架分析我们可以发现：《纽约时报》在报道发展水平较低的国家时一般采取影响框架，以凸显气候变化对这些国家的经济、生态环境、资源与民众健康等方面的影响；而在有关中国和印度的报道中，则常常凸显其国内气候治理措施的制定与实践，及其在国际气候谈判中与美国等发达国家的博弈关系。这种博弈关系体现在以下三个方面。

第一，美国与"他者"在全球气候治理话语权上的博弈。

全球气候治理话语权的争夺不仅是政治实力的较量，更是经济实力的较量，因为"政治权力不过是用来实现经济利益的手段"[①]。自 20 世纪 90 年代国际气候谈判开启以来，发达国家与"他者"在温室气体减排议题上争议不断，因为减少化石燃料的消耗对发达国家与"他者"的经济发展影响都十分巨大。各国出于自身的经济利益，在减排的具体承诺上顾虑颇多。2009 年，奥巴马就任美国总统后采取了比前任布什更为积极主动的气候政策，以多边合作代替了单边主义立场，一定程度上扭转了美国在国际气候谈判中"不可靠"的形象。在国内气候政策上，奥巴马团队在新能源的开发与温室气体的减排上有了较大突破，他指出："显然，我们对化石燃料的依赖是 21 世纪美国国家安全的一个严重威胁……我们利用传统能源的方式助长了我们的敌对势力，同时也威胁着我们的星球。"[②] 2009 年 6 月，美国通过了《清洁能源法案》。该法案规定美国有权对从不实施温室气体减排限额的国家进口能源密集型产品征收碳税，以此将温室气体减排与国际贸易相关联。

第二，美国与"他者"在气候治理资金和技术援助的规模与时限上的博弈。

2007—2009 年，《纽约时报》的"他者"气候报道与 1990—2006 年相比

[①] 中共中央马克思恩格斯列宁斯大林著作编译局.马克思恩格斯选集 第一卷[M].北京：人民出版社，2012：305.

[②] 夏正伟，梅溪.试析奥巴马的环境外交[J].国际问题研究，2011（02）：23-28.

存在一个显著的差异,那就是先肯定美、中、印三国在应对气候变化的报道上的合作,再指出分歧。从表面上看,《纽约时报》呈现的美、中、印三国在全球气候治理上的博弈是针对碳排放额度的利益交锋,实质上是一场关于未来能源创新与经济发展的空间争夺战。在应对气候变化的问题上,各国常常陷入一种"囚徒困境"。所谓"囚徒困境",是指一个国家的最佳选择并非国际社会的最佳选择,各国过于理性地追求本国利益可能会导致集体的非理性。从全球气候正义的实践角度来看,"主权国家仅有追求自身利益最大化而由他国和国际社会来承担损失的个体理性,却缺乏通过个体协调行动实现人类环境整体优化的集体理性。如此,主权国家的个体理性很可能导致全球气候灾难这一集体的非理性结果"[1]。

第三,美国与"他者"在伦理价值取向上的博弈。

国际气候谈判并不只是各国在政治、经济、生态与社会维度上的博弈,亦是一种伦理价值取向上的博弈,即发达国家的"目的论"伦理价值取向与"他者"的"义务论"伦理价值取向之间的博弈。"目的论"伦理价值取向忽视了发达国家温室气体排放的历史责任,认为"发达国家与发展中国家应同时参与减排并采用相同的标准",特别是以中国和印度为代表的"他者"国家更应率先承担减排任务;而"义务论"伦理价值取向则强调:任何国家与个人都没有侵犯他人的天赋权利,气候政策的制定不能只考虑结果的好坏,还要将政策的"正当性"纳入考量范畴。假如温室气体减排的手段不正义,即便治理效果正义,这个行为本身依然是不正义的。在气候变化问题上,人类价值始终高于国家价值,因为"人类社会的终极单元既非国家,亦非民族、部落、帝国、阶级或政党,而是个人"[2]。因此,人类在全球气候治理中应追求"类"的利益,而非纯粹基于"群体"的利益。在应对气候变化问题上,人类应从"自发的类"向"自觉的类"转向,"从群体存在、个体存在走向自觉的类存在,这是人类发展的必然趋向,也是今日人类面对的发展现实"[3]。

在《气候变化让巴西重新考虑在气候变化问题上的政策》(*Brazil, Alarmed,*

---

[1] 叶小兰.风险社会下国际气候正义的困境与出路——以哥本哈根气候峰会为视点[J].新疆社科论坛,2010(03):46-50.
[2] 宿晓.国际正义与全球正义辩——以罗尔斯和博格为参照[D].长春:吉林大学,2006.
[3] 高清海.人类正在走向自觉的"类存在"[J].吉林大学社会科学学报,1998(01):1-12.

Reconsiders Policy on Climate Change)、《中美专家都看到双方存在应对气候变化的合作机会》(Experts in U.S. and China See a Chance for Cooperation Against Climate Change)、《100多个领导人即将会面讨论气候变化,各自都让别国率先采取行动》(You First, Nations Say, as 100 Leaders Prepare to Meet on Climate Change)、《印度在气候变化上的新剧本》(New Script for India on Climate Change)与《欧洲承诺将出资几十亿作为气候变化基金》(Europe Pledges Billions in Climate Change Funding)等五篇报道中,《纽约时报》都突出了美国立场:由于哥本哈根气候大会并未对"他者"的碳排放予以强制规定,因而造成了美、中、印三者在国际气候谈判中始终无法达成一致,从而迟滞了全球气候治理的进程。与此同时,发展中国家普遍认为:"发达国家制造了60%的温室气体排放,它们必须承担相应的责任。对于发展中国家必须作出牺牲的要求我们不接受,因为贫穷已经是一种牺牲。"

第三节 "他者"气候治理的形象重构(2010—2013年)

《纽约时报》的角色可以细分为把关者、守望者、支持者、策展者、释疑者、解困者、消遣者和局外者等八种类型。[①] 然而,在相当长的一段时间内,《纽约时报》并没有真正将"他者"纳入美国气候治理的视域,一直将其视为"局外者"与"旁观者"。2010—2013年,《纽约时报》在气候报道中的角色发生了较大的变化,更多是以策展者、释疑者与解困者的身份出现的。所谓"策展者",是指《纽约时报》像策展者一样,根据时间逻辑或因果逻辑整理"他者"气候报道的内容,为受众提供有价值的整合信息;所谓"释疑者",是指《纽约时报》不仅在报道中展示"他者"的气候变化图景,还向受众解释这种图景对于全球气候治理有何种意义;所谓"解困者",是指《纽约时报》不仅关注"他者"气候变化图景的呈现,更关注如何建设性地应对气候变化这一国际社会的重大关切。[②]

[①] 王沛楠,史安斌.西方新闻业的社会角色:理论想象与实践探究[J].中国编辑,2019(04):4-10.
[②] 仇筠茜.新闻策展:"微媒体"环境下突发新闻报道及伦理分析——以美国马拉松爆炸案报道为例[J].国际新闻界.2013(09):123-130.

第四章　美国媒体气候报道中"他者"形象的历时性演变

一、"局部"—"全景":被放大的"他者"气候治理责任形象

从报道的框架选择来看,2010—2013年《纽约时报》在"他者"气候报道的框架选择上有一个较大的回归,那就是使用了更多的"影响框架"——总计11个,占所有29篇报道的38%。《纽约时报》再一次选择"影响框架"以凸显气候变化对于"他者"的影响。美国社会一般认为,经济发展水平与受教育程度较低的发展中国家的民众对气候变化的危险并没有太过深刻的认知。然而,《纽约时报》在南美和加勒比地区所做的调查显示,这些国家和地区的民众的气候意识远高于全球平均比例。如有95%的调查对象认为全球暖化是一个很严重的环境威胁,而全球的平均比例只有68%。这种认知为国际社会在气候应对与气候治理上的合作提供了现实基础。

从报道的地理范围选择来看,《纽约时报》对亚、非、拉等国家和地区都予以了关注。从关注的角度来看,《纽约时报》不仅报道了气候变化对于"他者"在生态、卫生与经济发展方面的影响,还增加了对文化的关注。通过这样一个观察视域的变化,我们可以发现,《纽约时报》对"他者"的关注已经由"局部"向"全景"转向。在《气候变化对文化造成的负面影响》(*Climate Change Takes a Toll on Cultures*)的报道中,作者开篇就说:"气候变化使得传统的生活方式愈来愈难以为继,本土文化不得不迅速作出调整。"此外,《联合国警告:气候变化会破坏全球繁荣》(*Climate Change Imperils Global Prosperity, U.N. Warns*)与《气候变化正威胁食物供应链》(*Climate Change Seen Posing Risk to Food Supplies*)的报道都引用了非常具体的数据:非洲撒哈拉以南的地区正遭受着严重的气候变化,当地民众缺乏应对空气污染、水污染与卫生状况极差的基本手段;太平洋沿海国家有1亿人面临着气候变化的风险;到2050年,孟加拉国将有11%的土地不复存在,影响人口约为1500万人;中东国家的水资源消耗远远超过了可持续发展的水平,且对化石燃料的极度依赖造成了巨大的城市污染;每一次极具破坏力的台风季都会让菲律宾损失2%的GDP,而重建又会消耗2%的GDP,也就是说,每一年因为台风,菲律宾会损失4%的GDP。在《印度:气候变化与人口增长在布拉马普特拉河域叠加》(*Climate Change and Population Growth Meet Along the Brahmaputra River*)的报道中,作者对东南亚的气候变化做了非常具象化的描述:"气候变化将会使布拉马普特拉

河流域的洪灾更为严重，越来越多的人涌向布拉马普特拉河盆地流域。由于附近大批孟加拉国民众的涌入，土地成了稀缺资源。另外，气候变化给全球食品供应链造成了巨大威胁。根据联合国气候变化政府间专门委员会的报告，农业风险对热带国家而言影响巨大，因为冲击程度将超越这些国家的应对能力，且这些国家与温带地区国家相比更加贫困。"

鉴于气候变化对"他者"造成的影响越来越大，《纽约时报》在气候变化与气候治理的责任归属问题上的观点开始逐渐两极化。《气候变化怀疑者的态度转变》(The Conversion of a Climate Change Skeptic)与《联合国召开气候变化会议，就不断上升的气温提出新的警讯》(U.N. Climate Change Meeting Opens to New Warnings About Rising Temperatures)两篇报道将气候变化与气候治理的责任完全归咎于"他者"，而对发达国家的历史责任避而不谈。在《气候变化怀疑者的态度转变》的报道中，作者通过"如果中国的经济维持一种高增速并大规模使用煤炭，全球暖化将会持续"的论述塑造了一个"要经济高速发展而不顾生态环境风险"的"他者"国家形象。[①] 很明显，这样的报道忽略了中国政府在推动产业升级、节能减排、消除贫困与国际气候合作等方面作出的努力，未能体现《联合国气候变化框架公约》确立的"共同但有区别的责任"这一风险伦理。

2009年底，哥本哈根气候大会吸引了来自全球媒体铺天盖地的报道。然而，2010年的坎昆气候大会却在媒体的关注度上遭遇了"滑铁卢"，以《纽约时报》为代表的美国主流报纸对于坎昆气候大会的报道创下了四年以来的最低值。《纽约时报》环境新闻报道组编辑古德（Erica Goode）认为："一年之内情况变化了很多，哥本哈根会议各方殷切期望的氛围在坎昆会议上已经消失大半了。"对于这种变化，美国知名环境记者埃尔佩林（Juliet Eilperin）认为："哥本哈根会议之所以令人兴奋与期待，是因为各方对于会议的结果抱有很多不确定性，大家都感觉有大事件要发生。但令人遗憾的是，为期两周的坎昆会议似乎在公共政策和读者兴趣上都给不了记者报道的动力。"

---

① 郭小平.西方媒体对中国的环境形象建构——以《纽约时报》"气候变化"风险报道（2000—2009）为例 [J].新闻与传播研究，2010（04）：18-30.

二、"博弈者"—"共建者":重构的气候治理"他者"形象

从报道的话语层面看,《纽约时报》这一阶段的报道视角主要聚焦于美国与"他者"在全球气候治理上的协商与合作,"自我"与"他者"在这一问题上的坚冰有了消融的迹象。从框架选择上看,气候变化的国内政策框架逐渐被国际政策框架所取代,国际气候治理合作的趋势较为明显,特别是美国与中国和印度这两个发展中国家之间的合作成为"亮点"。与此同时,发达国家与发展中国家的制度差异与意识形态差异有所弱化,"零和博弈"的思维也在一定程度上让位于全球气候治理合作。虽然 2010—2013 年关于气候的报道量只有 25 篇,但《纽约时报》对待"他者"的态度上却表现出与以往较大的不同,主要体现在以下两点。

第一,《纽约时报》承认"他者"在气候治理上取得的重大进步,"他者"是美国在全球气候治理上重要的合作伙伴。

在《我们无法让气候变化自动消失》(We Can't Wish Away Climate Change)的报道中,作者援引美国前副总统戈尔的观点指出:"由于美国在智能电网、高铁、太阳能、风能、地热能和其他可再生能源等重要的能源产业上落后中国,因此中美双方的合作空间巨大。如果美国继续自私地无视'下一代的命运系于我们这代人的手里'这一重要现实,我们必将成为'有罪的一代'。"在《对话印度首席气候变化谈判代表》(A Conversation With: India's Chief Climate Change Negotiator)的报道中,作者凸显了"基础四国"在国内气候治理中取得的进步以及在全球气候治理中的合作潜力:"近些年由于世界政治经济与温室气体排放格局的变化,以'基础四国'(中国、巴西、印度、南非)为代表的发展中国家在全球气候治理格局中扮演了更为积极、重要的角色,它们不仅在国内大力推动节能减排,还与国际社会分享了气候治理上的经验,并在资金面和技术面上展开了多种形式的南南合作。"在《气候变化与发展中的世界》(Climate Change and the Developing World)的报道中,作者更是援引联合国开发计划署发言人的话指出"他者"国家的贡献长期以来被忽视的事实:"世界上最贫困的国家近几十年来为应对气候变化作出的贡献十分显著,却经常被忽视。如果因为发达国家未履行应尽义务而使发展中国家的发展进程停滞了,我们就违背了自身所负有的道德义务。"不仅如此,他还赞扬了发展中国家在应对气候变化

上的得分是世界平均水平的两倍，并呼吁发达国家向未通电的地区供电。

第二，《纽约时报》的报道一定程度上反映出美国对"自我"与"他者"在全球气候治理合作上的期待。

由于以美国与欧盟为代表的西方国家在应对气候变化挑战时的立场常常摇摆不定，增加了全球气候治理的不确定因素，因此，以"基础四国"为代表的"他者"就成了一股"生力军"，被寄予极大的关注与期望。对于国际社会的这一期望，《纽约时报》在报道中作出回应，并对"他者"在全球气候治理角色上的改变进行了更多的关注。在《全球气候谈判在墨西哥坎昆召开，各方都表现出了比以往更多的期待》(Global Climate Change Talks Begin in Cancun With More Modest Expectations)的报道中，作者对中国扮演的愈加重要的角色予以肯定："中国自愿迈出了很大步伐减缓温室气体排放的速度。"这与以往《纽约时报》塑造的中国的媒介形象相比有了很大变化。事实上，中国二氧化碳排放量的增速已经比中国政府在《巴黎气候协定》中承诺的水平还要低，而且这种势头有可能持续下去。在《孟加拉湾正面临气候变化带来的危险》(The Bay of Bengal, in Peril From Climate Change)的报道中，作者明确指出了"自我"与"他者"在气候治理上的巨大合作潜力："地球上有四分之一的人口生活在孟加拉湾附近的国家，该地区对新兴的亚洲国家具有重大战略意义，但这一地区约有5亿人受到海平面上升的巨大威胁。这些气候挑战呼吁我们必须展开紧急的地区合作，超越过去的政治分歧，拥抱历史上的紧密联系。"在《应对气候变化需要更多的方法与手段》(Bigger Toolkit Needed to Manage Climate Change)的报道中，作者进一步指出："欧洲、美国、加拿大、日本等发达国家和中国、印度及巴西等迅速崛起的'他者'国家的关系是由其国内政治与全球经济所塑造的。'气候平等'意味着发达国家有帮助发展中国家应对气候变化的责任，而不能仅仅将其视为一个'环境'议题。"在美国首席气候谈判代表斯特恩(Todd D. Stern)看来，各国应该携手合作，让气候治理这艘大船继续扬帆航行。

第四节　美国政治分化背景下的"他者"形象建构（2014—2018年）

美国的气候报道从来不是一个纯粹的科学议题，而是两党博弈的重要筹码。在2016年的总统大选中，民主党的希拉里意外地输给了代表共和党参选的政治素人特朗普。特朗普一上台，便退出了《巴黎气候协定》，几乎完全扭转了奥巴马时期的气候政策，动摇了中美与欧美等重要双边气候合作机制的基础，引发了全球气候治理的一场地震。为了实现"美国优先"的气候政治并为美国的"退群"找到一个合理的解释，特朗普放大了以中国为代表的"他者"所应承担的气候治理责任。正是因为这种在对待"他者"态度上的争议，2014—2018年《纽约时报》气候报道中的"他者"框架愈加多元，12个框架中的11个都在这一阶段集中出现。由此可以看出，《纽约时报》观测气候变化中"他者"的角度越来越全面，覆盖了政治、经济、科技与文化等方面。由于气候变化议题本身的专业性与复杂性，加之美国两党在应对气候变化上的巨大分歧，《纽约时报》将科学观点视为权威，频频引用各个大学、科研机构与非政府组织专家学者的观点，以佐证气候变化的深刻影响与全球气候治理的急迫性。然而，气候传播是一个集科学、环境、经济、政治与传播为一体的综合体，只有全面、平衡地引用各方消息源才能让受众充分理解气候变化与气候治理的真相。

从消息源的分布来看，2014—2018年《纽约时报》的消息源较之过去更加平衡，科学界、政府与非政府组织呈现出三足鼎立之势。其中，专家学者比例最高，占34%；来自"他者"的消息源也较过去有了显著提升，占19%；而美国官方的消息源则被其他消息源稀释，下降到20%。通过消息源的这种结构性变化，我们可以看出两个明显的趋势：一是《纽约时报》不再将政府官员作为"他者"气候报道的首要消息源，而从更科学专业的角度看待全球气候治理的必要性与重要性，用气候科学的议程设置影响政府、媒体与受众的议程设置；二是通过对"他者"消息源的大幅引用，《纽约时报》凸显了国际气候谈判与气候治理中对话的重要性。

一、"对抗"与"对话":多面的"他者"国际气候合作形象

作为世界上最大的发达国家,美国与"他者"展开气候对话与合作不仅符合自身的利益,更对全世界有指标性意义。从2014—2018年这一阶段的报道来看,《纽约时报》对中美两个大国在气候治理上的合作进行了较大篇幅的报道,营造出一个积极的气候治理国际舆论。然而,《纽约时报》对"他者"在战略关系上的不信任仍然存在,特别在建构中国气候治理形象时表现出十分纠结的态度。

从话语分析层面看,这一阶段《纽约时报》对美国和以中国为代表的"他者"在应对气候变化上的对话与合作做了大量的报道。如在《美国国务卿约翰·克里呼吁印尼应对气候变化》(*Kerry Implores Indonesia on Climate Change Peril*)的报道中,作者就借美国国务卿对印尼政府的呼吁表明"应对气候变化是发达国家与发展中国家的共同责任"。与此同时,作者还借美国国务院高级官员之口谈到克里的北京之旅,介绍了中美在减少重型机车的碳排放、提升电网技术、搜集温室气体数据、提升建筑物能源利用效率等方面的合作。

不过,在强调国际合作的同时,《纽约时报》也指出中国和印尼因汽车用户增加和森林砍伐而造成碳排放量增加。在《作为全球协定一部分的奥巴马气候变化战略公布》(*Obama's Strategy on Climate Change, Part of Global Deal, Is Revealed*)、《奥巴马造访亚洲,寻求贸易与气候变化上的突破》(*Obama Heads to Asia Seeking Progress on Trade and Climate Change*)以及《奥巴马谈气候变化:这种变化的趋势"令人恐惧"》(*Obama on Climate Change: The Trends Are Terrifying*)的报道中,《纽约时报》对美国政府积极推动与"他者"在全球气候治理上的合作进行了较为全面的呈现。

除了从领导人层面观察美国与"他者"的气候治理合作愿景,《纽约时报》还对一些区域性合作进行了介绍,如在《中美气候变化谈判人员会晤》(*Chinese and U.S. Climate Change Negotiators Meet*)的报道中,作者介绍了中美两国高级气候谈判人员在洛杉矶的会晤,内容主要是商讨在城市层面的减排合作,以减少空气污染并吸引清洁能源产业投资。在《气候变化议题上的重大突破》(*A Major Breakthrough on Climate Change*)的报道中,作者更是凸显了中美两国联手对抗气候变化的努力,称"中美两国元首联合发布声明限制温室

气体的排放是外交上的重大突破,是应对气候变化这一'不确定战役'的巨大积极进展。新承诺能够激励其他国家在巴黎召开的气候峰会上达成新的框架协定"。中美在气候变化议题上的合作,履行了作为世界大国的国际责任。除了中美两国之外,印度、巴西等主要发展中国家也将在巴黎气候峰会前向联合国提交各自的气候变化应对计划。但与此同时,作者在文末援引美国参议员英霍夫的观点,不相信中国能达到承诺的碳减排目标。文章的最后这句话看似不起眼,却凸显了《纽约时报》对中国节能减排决心的质疑。

二、"建设者"与"麻烦制造者":矛盾的"他者"气候治理形象

《纽约时报》这一阶段的"他者"形象建构呈现出矛盾的特点:一方面,"他者"是全球气候治理的"建设者";另一方面,"他者"是导致大量碳排放的"麻烦制造者"。《纽约时报》将"他者"形塑为全球气候治理"建设者"的报道共20篇,而与中国有关的就多达11篇,占报道总篇数的55%。出现"他者"的次数为28次,其中,中国出现了12次,占报道总量的43%,印度出现了4次,占报道总量的14%。其他国家因为经济体量较小出现次数不多,但涉及面较广,覆盖了亚、非、拉等地理与气候特征各异的国家。

这一阶段,《纽约时报》将中国建构为全球气候治理"建设者"的框架主要体现在以下三个方面。

首先,从话语分析层面来看,《纽约时报》认可中国在应对气候变化上所做的贡献。这种框架变化主要围绕两个方面展开:一是中国的气候治理基于人口数量与经济规模对于全球气候治理具有示范与引领效应;二是中国政府切实履行了全球气候治理中的大国责任,设定了更为严格的碳排放目标,通过技术创新提高了再生能源的使用比例,从而将碳排放降到了较低水平。

这一方面体现在《在角色转变上,中国给美国上了一课》(*In Sign of Shifting Roles, China Gives U.S. a Lecture on Climate Change*)与《美国不愿承担气候变化领导者角色,谁会填补空白?》(*As U.S. Sheds Role as Climate Change Leader, Who Will Fill the Void?*)等报道中。《纽约时报》将中国在全球气候治理中的关键性角色通过联合国环境规划署官员的话进行了阐述:"特朗普上台后,中美在应对气候变化的角色发生了翻转,中国开始扮演领导角色……自从特朗

普退出《巴黎气候协定》之后，全世界都十分关注哪个国家会成为下一个全球气候治理的领导者。中国在应对气候变化上的步子迈得很大，这不仅是为了兑现自己在2030年达到《巴黎气候协定》的承诺，也是为了开启世界上最大的碳市场。"另一方面体现为报道主要集中在减排计划的实施、绿色能源的利用、与其他国家的气候治理合作等领域。2015年12月12日各国签署的《巴黎气候协定》开启了全球气候治理的新阶段，宣告了"后巴黎时代"的到来。自此，全球气候治理在领导权、话语权与治理格局、模式等方面均发生了巨大且深刻的变化。中国被视为全球气候治理的新领导者。从《联合国气候变化框架公约》到《京都议定书》再到《巴黎气候协定》，中国参与全球气候治理的身份已从最初的被动"参与者"演变为积极的"引领者"。

其次，《纽约时报》这一阶段对中国的气候治理关注主要集中在中国方案与中国行动上，即中国对全世界在应对气候变化上的贡献。从报道的框架分布来看，责任框架占比最高。第一，从责任框架看，《纽约时报》将中国视为全球削减温室气体排放谈判的核心，因为中国有能力降低太阳能、风能和其他可再生能源的成本。中国的减排政策开始显出成效，如再生能源的推广、能源利用率的提升、地方性的污染防控与碳交易系统的实行。此外，《纽约时报》还对中国投巨资打造的全世界最大的碳市场与绿色能源技术进行了肯定，对中国在特朗普退出《巴黎气候协定》后在全球气候治理中扮演的角色充满了期待。中国的积极态度不仅促使《巴黎气候协定》的达成，而且也获得了原本持观望态度国家的支持。第二，从国内政策框架看，《纽约时报》通过对中美两国的气候政策对比得出了"任性的特朗普"与"负责任的中国"的媒介形象。报纸指出："中国应对气候变化是自主的，而不是被强迫的。中国政府承诺，中国的碳排放量将在《巴黎气候协定》的框架下于2030年达到峰值，此后缓慢下行。"由此，《纽约时报》建构了中国气候治理的国内政策框架，凸显了作为世界第二大经济体的中国所履行的国际责任。中国客观上成为全球气候治理的"引领者"。

最后，在会议成果层面，《纽约时报》重点勾勒了中国与印度在气候治理方面取得的巨大进展，将中印两国的"昨天"与"今天"进行对比，突出了"他者"内部在应对气候变化上的突破性进展和对全球气候治理的贡献。

然而，在将中国建构为全球气候治理的"建设者"与"引领者"的同时，

《纽约时报》又认为中国是碳排放的"麻烦制造者"。在《绿色和平组织：中国的能源计划将使气候变化愈加恶化》的报道中，作者指出："中国计划修建50座气化厂，这将造成每年11亿吨的二氧化碳排放量，导致大规模的气候变化。"此外，作者还对气化厂的选址表达了质疑："很明显，新疆与内蒙古等西部地区根本没有与气化厂相适应的环境资源与水资源。"在《推动气候变化新协定受到长久以来的财富差异的制约》的报道中，作者指出："中国过去被视作一个穷国，但近几年经济的迅速发展已使它成为全球第二大经济体。如果中国和其他发展中国家不采取严格措施，全球变暖无论如何也无法得到控制。"在《中国的气候变化引发一系列问题》的报道中，作者认为："中国应将碳达峰的截止时间从2030年提前至2025年。"此外，作者还对中国碳减排承诺的动机表示怀疑。

三、"小国大治理"：创新的"他者"气候治理形象

与中国和印度这样的发展中大国相比，岛屿国家综合国力普遍较弱，在国际气候谈判中的话语权也相对较小。然而，这些国家因其气候脆弱性与敏感性特征反而更容易在全球气候治理中获得较强的道义性话语权。"他者"中的小国通过与自身政治立场与经济发展水平相近的国家结盟，为自身的气候治理政策进行宣传，参与全球气候治理规则的制定。尽管这些国家的经济发展水平较低，但它们并没有将气候治理的希望完全寄托在发达国家的资金与技术援助上，而是积极主动地因地、因时制宜，减少温室气体的排放。在这一阶段，《纽约时报》对于中印之外的"他者"报道框架以国内政策框架、经济框架与处理措施框架为主。

首先，从国内政策框架看，一些"他者"国家在气候治理上率先出招，为其他国家提供了经验。如在《对气候变化的关切将智利推向了碳税运动的前台》(Climate Change Concerns Push Chile to Forefront of Carbon Tax Movement)的报道中，作者对智利的碳税计划进行了介绍："智利于2014年9月批准的碳税计划将于2018年正式生效。它是南美洲第一个通过该计划的国家。不仅如此，智利还决定2020年在2007年的基础上再削减20%的碳排放，因而被誉为'在环境政策方面具有前瞻性的国家'。"墨西哥则是通过一系列联邦法律和州法律对碳排放进行监管，推动了森林的可持续管理，并成立了再生能源和提

升能源效率的专门基金。此外,在《墨西哥着手应对气候变化,批评人士指出不足之处》(As Mexico Addresses Climate Change, Critics Point to Shortcomings)的报道中,作者对墨西哥通过立法限制温室气体排放的做法进行了介绍:"2012年,墨西哥成为世界上第一批通过气候变化法律的国家。此外,墨西哥还在联合国大会框架下提交了碳排放的具体计划。"通过对这两个国家的政策进行报道,《纽约时报》建构了一个在气候治理中"负责任"的"他者"形象,它们为全球气候治理作出了力所能及的贡献。

其次,从经济框架看,《纽约时报》主要从经济发展的角度看待"他者"的气候治理。在《应对气候变化不会增加额外成本》(Fixing Climate Change May Add No Costs, Report Says)的报道中,作者提到哥伦比亚、埃塞俄比亚、印度尼西亚、韩国、瑞典和英国等组成了"全球经济与气候委员会",招募世界顶级经济学家与贸易顾问研究气候变化的经济问题。不仅如此,《纽约时报》还对当前全球气候治理中因经济发展水平差异导致的不公平现象进行了报道,对作为受害者的小岛屿国家没有足够的资金和技术应对气候变化表达了同情,并借这些国家官员之口对发达国家未兑现援助承诺予以谴责。

最后,从处理措施框架看,《纽约时报》这一阶段主要从女性与道德视角对气候变化的应对与治理提出了解决路径。在《女性在应对气候变化中扮演的关键角色》(Women's Crucial Role in Combating Climate Change)的报道中,作者借南非德班首任女市长应对气候变化的承诺,对女性的社会角色进行了重新定义并指出:"气候变化已经不再是一个性别中立的议题,如果再强调性别中立就成为性别无知了。"而在《气候变化问题上我们面临的道德机遇》(Our Moral Opportunity on Climate Change)的报道中,作者则从气候变化的伦理角度呼吁国际社会认识到对他国、下一代、其他生物与我们生活的这个地球所负有的伦理责任,减少温室气体的排放,爱护生活在这个地球上的邻居们。

自 2017 年 1 月特朗普就任美国总统后,美国屡屡采取单边主义行动,规避国际义务,处处奉行"美国优先"的原则。2017 年 6 月 3 日,特朗普宣布退出《巴黎气候协定》,国际社会舆论哗然。作为美国最有国际影响力的报纸之一,《纽约时报》并未给特朗普的气候政策背书,反而在新闻报道中表达了对特朗普特立独行的不满。事实上,早在特朗普尚未当选美国总统时,《纽约时报》就于 2016 年 11 月 10 日发表文章《特朗普或将退出＜巴黎气候协定＞》

(*Donald Trump Could Put Climate Change on Course for 'Danger Zone'*),对特朗普当选后可能退出《巴黎气候协定》表达了极大的担忧。为了佐证自己的观点,作者援引多名专家学者与美国政府官员的评论。这些评论普遍强调:特朗普这一做法十分危险,并且他既没有单方面抹杀奥巴马政府制定的气候规则的权力,也没有阻止其他国家履行《巴黎气候协定》的合法性。美国国内普遍对特朗普上台后全球气候治理的前景表达了悲观的情绪。因为特朗普表示,若当选,自己并不会像奥巴马政府那样为发展中国家提供气候专项资金,帮助它们开发清洁能源,并将取消所有全球暖化支出。

而在特朗普当选美国总统后,《纽约时报》对其气候政策进行了更为猛烈的批评。在《由于特朗普否认气候变化,这些孩子死掉了》(*As Donald Trump Denies Climate Change, These Kids Die of It*)的报道中,作者认为特朗普政府应承担必要的全球气候治理责任,帮助"他者"应对气候变化,并且引用了联合国的观点,"美国不经意间'杀死了'非洲地区的孩童,并且导致非洲南部7个国家的收成不佳与130万孩童营养不良"。不仅如此,作者还对特朗普声称的"气候变化是中国制造的恶作剧"的说法予以驳斥,认为美国不能将气候变化的责任转嫁给"他者"。南非与马达加斯加的干旱问题和粮食危机未得到全世界的太多关注,而美国一个国家在过去150年里的碳排放就占全世界的四分之一,这些都反映出全球气候体系中的非正义状态:发达国家积累的碳排放对于贫困地区人口具有毁灭性的影响。在美国,气候变化使人们失去了海边别墅;而对于穷国而言,父母却失去了孩子。简而言之,这篇报道通过记者亲身走访的案例希望唤起大家对非洲气候变化的关注,呼吁以美国为首的发达国家承担起与本国地位相符的国际责任,切实帮助"他者"国家应对气候变化并最大限度地减少经济与环境方面的损失。

第五章　多维视域下"他者"气候报道中的美国媒体社会责任

第一节　风险启蒙视域下"他者"气候报道中的美国媒体社会责任

在气候变化将世界建构为风险共同体之前,美国媒体的"他者"形象表征以意识形态为主导。在美国学者内斯特(William Nester)看来,"意识形态是比任何一种文化更为系统的信仰体系,每一种意识形态的实质都是一种价值体系,它决定了社会行为、组织、目标和政策的主导模式"。这种基于意识形态的国际新闻报道实际上是美国文化投射下的一种幻象,是其自我审视、自我反思、自我想象与自我书写的一种方式,折射了美国文化潜意识的欲望,指向了美国文化"他者"的想象与意识形态空间。在共时维度上,异域形象具有社会文化的符号功能,是特定历史时期下特定文化语境的形象表述,是一种社会化的编码过程,任何个人或话语都受制于这一程序;在历时维度上,因为观念在历史中生成,意义也循着历史的变化而变化,不同知识或想象之间既有断裂面,又有重合面。因此,异域形象一旦被形塑且固化,就会不可避免地对后世的"他者"观察与思考造成一种刻板印象。从共时和历时两个维度的分析我们可以看出:1990年以前,尽管绝大部分美国人都知道气候变化是一个事实,但只有约一半的人认为气候变化是人类活动造成的,且将气候变化视为"将来时",在时间上与空间上都认为与自己无关。当美国民众对自身的气候变化问题都不甚关心时,让他们去关心"他者"国家的气候问题当然是一种奢望了。

从媒介建构的角度看，这种舆论的形成与以《纽约时报》为代表的美国媒体将气候变化建构为一种模棱两可的"不确定的科学"议题有着直接的关联，因为它们并没有充分履行气候传播中的风险启蒙与风险预警责任。1990年之后，气候变化的全球性特征越发突显，风险传播呈现出跨国界的倾向，资本、技术与人才的跨国流动使得国家以网络式的结构存在并发展。由于后现代社会非民族国家的倾向越发明显，新的全球性政治的有效性已经超越了传统民族国家的边界，进化为结果开放的元权力博弈，即对风险中各种概念边界的界定与基本方向的争夺，是一场对"定义权力"的争夺。作为风险社会中对"跨国公地"有着重大影响的全球现象，气候变化呼吁出台全球性的政策加以应对。此时，作为全球风险建构的重要平台，《纽约时报》就有了在气候变化议题上消解"国内报道"与"国际报道"二元对立的现实性与紧迫性。

可以看出，1990—2018年《纽约时报》对于以中国和印度为代表的"他者"国家的气候报道从报道频率和报道数量上经历了萌芽、发展、波动与平稳等四个阶段，是一种"流动的"客观存在。随着全球气候变化风险的不断增加与"他者"国家在国际气候谈判地位的提升，《纽约时报》在气候报道中呼吁美国公众了解"他者"气候变化的风险启蒙与风险预警责任有了较大的提升，客观上将其建构成全球气候治理的"参与者"与"博弈者"。以气候变化为代表的各类风险事件不仅能够激发全球性的共情，也能够在很大程度上促进全球社会的团结，这在客观上为日后的集体记忆奠定了基础。从理论上说，《纽约时报》借由新型传播技术可以使气候变化的辩论跨越国家边界而成为一个全球议题。然而，事实情况是：气候之辩的参与者主要是思想与意识形态都较为相近的西方国家的民众，因此我们很难将其称为真正意义上的"全球性辩论"。

1990—2006年，《纽约时报》对"他者"的气候变化与气候治理报道并未将其与美国的气候变化与气候治理相关联，对"他者"国家的风险启蒙与预警的社会责任更多体现了一种"旁观者的想象"。正如美国社会学家甘斯（Herbert Gans）所言：美国新闻记者在报道国际气候时大多从美国国家视域出发，聚焦于"他者"面临的种种灾难与危机，强化了"他者"混乱不堪与亟须西方"拯救"的刻板印象。此外，"反常性"是《纽约时报》"他者"报道的一个重要参考指标：一是社会现状层面的反常性，即气候变化在多大程度上会影响"他者"的社会现状；二是规范层面的反常性，即如果这一事件发生在美国,会在多大程度上冲击美国的社会规范。随着气候变化成为一种全球风险,《纽约时报》在报道"他者"时的风险启蒙与风险预警责任逐渐由"缺场"走向"在场",并成为一种不可逆转的趋势。吉登斯认为,作为一种现代性的"后果",全球化使得"在场与缺场纠缠在一起,让远距离的社会实践和社会关系交织在一起",我们必须依据"时空延伸、地方性环境以及地方性活动的不断发展的关系",全面把握现代性的全球性蔓延。

从 2007 年开始,《纽约时报》对气候变化与气候治理中的"他者"进行了近距离的"审视",不断增加的报道数量与不断丰富的报道框架都凸显了其履行风险预警与风险启蒙社会责任的在场性。从宏观层面看,随着气候变化影响范围的扩大,包括美国在内的国际社会越发认识到:作为人类社会面临的共同危机,气候变化波及全球,跨越了国家与民族,对全人类的可持续发展造成了巨大影响,"一切边界及内外的区别,在全球迅速扩展和相互影响的风险面前,都土崩瓦解了"。从微观层面看,自 1995 年第一次《联合国气候变化框架公约》缔约方大会在德国柏林召开以来,每年一次的缔约方大会都是各国在气候变化议题上的"角斗场",是发达国家与发展中国家表明自身态度并相互博弈的"主战场"。由此,美国与"他者"国家在国际气候谈判中的竞合关系客观上为《纽约时报》履行"他者"气候报道风险启蒙与风险预警的社会责任提供了现实基础,美国与"他者"在气候治理上的联结由"松散"日趋"紧密"。

《纽约时报》折射出的"他者"话语能见度变化是《纽约时报》向全球受众履行风险启蒙与风险预警社会责任的一个明证。美国学者施费德(A. Clay Schoenfeld)认为,在气候报道中,记者扮演的角色绝不仅仅是"中立的记录者",而更多是"参与式的建构者",即"气候变化认称者"。通过对《纽约时报》1990—2018 年"他者"气候报道的历时性研究可以发现,该报在美国社会气候变化的争论中扮演了"风险认称者""气候变化解读者""社会现实建构者"等诸多风险启蒙与预警的角色,在传播气候知识与凝聚社会共识等方面发挥着重要作用。《纽约时报》风险启蒙与风险预警责任的另一个表现是它逐渐由关注气候变化的因果责任向处理责任转变。在气候变化问题上,因果责任强调气候变化的责任方,而处理责任则在承认气候变化这一事实的基础上诉求如何缓解气候变化。1990—2006 年,《纽约时报》之所以强调因果责任,是因为其秉持的社会认同理论对以美国与欧盟为代表的"自我"进行了偏袒,没有认真审视今天的气候变化与其历史上的碳排放责任有直接的关联。与此同时，对以中国、印度与巴西等发展中国家为代表的"他者"则过分强调"共同但有区别的责任"中的"共同"原则，忽略了它们因历史上受到不公正待遇目前正处于经济发展的关键期。《京都议定书》将"共同但有区别的责任"定义为所有国家都应尽可能广泛合作以应对气候变化及其各种负面影响，所有国家都有责任采取相应的行动。所谓"有区别的"，是指不同国家在履行各自承诺时，应考虑其不同的条件和能力、历史二氧化碳排放量以及它们的具体发展情况。由于美国在2009年召开的哥本哈根气候大会上最后时刻的让步，《纽约时报》也开始透过处理责任的视域报道气候变化，将对"自我"与"他者"的关注都纳入其媒体社会责任的范畴。自此，《纽约时报》的媒体社会责任不再集中在"谁该为气候变化负责？"这一因果责任视域上，而是通过对"他者"的审视与在场性的凸显将视域转向了"谁该为气候治理负责"的处理责任上。

第二节 工具理性视域下"他者"气候报道中的美国媒体社会责任

在全球传播的传统差序格局中，以美国为首的发达国家将与自身政治制度与经济发展水平不在一个层面上的发展中国家通通视为"他者"，用"局外人"的视角对它们进行新闻报道与解读。因此，国际新闻界一直存在着"英美霸权模式"。作为美国媒体的典型代表，《纽约时报》在进行"他者"报道时往往以事件为中心，缺乏充分的背景信息介绍，这样就造成了受众对客观世界的认知十分有限，且"非常支离破碎、去语境化以及缺乏复杂性认知"。在对"他者"的气候报道中，尽管《纽约时报》采用的多元框架一定程度上弱化了这种二元对立的差序格局，但"他者"形象的嬗变并非完全出于《纽约时报》媒体社会责任观的变化，而是气候变化风险的客观现实与《纽约时报》主观认知变化的双重结果。在今天这样一个"你中有我""我中有你"的气候传播中，认同"他者"其实也是对"自我"的肯定与确认，否则传播的多样性与文化的多元性也就丧失了根本的基础。相较于有限的"自我"，那些不计其数的"他者"才是这个世界的大多数，对"他者"的忽略其实就是无视"自我"的存在，这既是一种"文化自觉",亦是一种"生存之道"。

自"他者"进入观察视域以来,《纽约时报》大抵经历了三种身份变化:"旁观者"——"参与者"——"建构者"。然而,这种形象建构的变化并不意味着《纽约时报》在对"他者"进行气候报道时的媒体社会责任发生了根本性变化,更多的是伴随着"他者"的崛起与美国在全球气候治理上需要与"他者"进行合作的客观需要而体现出的工具理性。《纽约时报》产生工具理性的主要原因有两点:一方面,"他者"国家经济与社会发展的巨大进步提升了其在国际气候谈判与全球气候治理上的地位,美国对"他者"关注的目的在于唤起政府出台更有利于国内经济社会发展的气候政策;另一方面,《纽约时报》对"他者"的关注也是出于全球气候治理的现实需要,特别是2008年全球金融危机以来,长期低迷的经济使得美国无法继续扮演全球气候治理唯一领导者的角色,需要和发展中国家展开合作。基于这些原因,《纽约时报》在对中国这个最大的"他者"国家进行气候报道时常常呈现出"妖魔化"与"浪漫化"的双重特点。

《纽约时报》在报道全球气候变化议题时,明显将中国视为最为重要的"他者"国家进行报道。虽然美国在20世纪七八十年代曾是多边气候治理的"积极参与者与领导者",但随着2001年小布什政府宣布退出《京都议定书》,美国一度成为全球气候治理的"消极参与者",甚至是"阻碍者"。然而,《纽约时报》一直将美国视为全球气候治理的唯一领导者,当中国发挥的作用越来越大时,《纽约时报》便将这种角色变化视为对美国气候治理权威的挑战。21世纪以来,随着中国在全球气候治理中的角色越来越重要,《纽约时报》开始塑造"中国气候威胁论",渲染中国的碳排放对全球的影响,为美国遏制中国的和平崛起大造舆论。譬如,2001年美国国会拒绝批准通过《京都议定书》,这本是美国未履行国际责任的明证,但《纽约时报》却把中国当作"替罪羊",逐渐建构了中国"气候威胁论"。以《纽约时报》为代表的美国媒体在气候报道中建构的"气候威胁论"实际上是一种政治论调,字里行间充斥着"矮化""贬低""嫉恨""诘难""抹黑"等情感色彩,为要求中国承担更多的气候责任埋下了伏笔。这种将中国形塑为"世界污染大国"与"气候危机的制造者"的真正意图是将以中国为代表的"他者"国家的气候问题扩大化,迫使"他者"国家在全球气候治理中承担超出自身能力范围的责任与义务,从而营造一种对"他者"国家不利的国际政治氛围。

在 2007 年 4 月 18 日《联合国安理会关于全球气候变化的讨论陷入僵局》的报道中,作者运用了较为夸张的手法将中国形塑为环境问题安全化的反对者。尽管包括美国在内的许多国家与中国的立场并无二致,但它们却纷纷将矛头指向中国。2009 年哥本哈根气候峰会前,《纽约时报》在多篇报道中称中国的碳排放是全球气候变化的主因。此外,《纽约时报》还在 2008 年北京奥运会前夕不断对中国的气候问题指手画脚。2017 年 7 月 22 日《纽约时报》的一篇报道指出:"中国开发银行与中国进出口银行在 2005—2016 年向拉丁美洲与加勒比海提供了大量贷款,主要用于石油开采、煤矿开采、水电站建设与公路建设等。许多开采项目集中在对亚马孙雨林这类对预防气候变化具有重要作用的地区,而扩大该地区化石燃料生产,会导致更多二氧化碳排放。"

不过,《纽约时报》在国内政策框架、经济框架与处理措施框架等方面又对"他者"进行了较为正面的评价。譬如,中国是削减温室气体排放谈判的核心,因为中国有能力降低太阳能、风能和其他可再生能源的成本。中国的减排政策开始显示成效,如可再生技术的推广、能源利用率的提升、地方性污染防控与碳交易系统的推行,等等。不仅如此,《纽约时报》还介绍了智利的"碳税运动",哥伦比亚、埃塞俄比亚、印度尼西亚、韩国、瑞典和英国等组成的"全球经济与气候委员会",以及南非等国在应对气候变化方面所做的努力。

《纽约时报》这种对以中国为代表的"他者"国家"批评"与"赞扬"兼而有之的报道手法并不意味着它真正认为这些国家能够成为全球气候治理的领导者,而是功利地服务于美国在国际气候谈判与全球气候治理上的利益与立场。美国媒体在很多关于"他者"的议题上并未真正反映出美国的主流民意,而是片面地追求"政治正确",与客观现实相去甚远。今天,愈来愈多的美国人开始意识到,"政治正确"在美国已经矫枉过正,对人人平等以及言论自由的价值观构成了巨大的威胁。2018 年发布的《隐藏的部落:一项对于美国极化政治生态的研究》显示:美国 80% 的民众认为,"过多的政治正确已经成为一个问题"。如果没有一条清晰的主线,仅从实用主义出发,那么这种前后不一的"他者"气候治理的责任建构到底有助于全球气候治理,还是将导致全球气候治理陷于"多元混乱"的局面,是我们不得不思考的问题。

第三节　气候外交视域下"他者"气候报道中的美国媒体社会责任

1992年的《联合国气候变化框架公约》、1997年的《京都议定书》与2015年的《巴黎气候协定》是全球气候治理历史上的三个里程碑。其中，涵盖面最广的当属《巴黎气候协定》，因为它不仅将世界上所有国家纳入其中，而且对2020年以后的全球气候治理作出了清晰的路径规划。同时，《巴黎气候协定》也是全球气候政治博弈的产物，折射出全球气候政治格局的变化。如果将"南北两极"视为全球气候治理"1.0时代"，将2001年美国退出《京都议定书》到2009年视为欧盟领导全球气候治理的"2.0时代"，那么2009年哥本哈根气候会议以来则是全球气候治理的"3.0时代"。从"1.0时代"发展到"3.0时代"的根本原因就在于发展中国家在全球气候治理过程中从"边缘"逐渐向"中心"靠拢，并且全球气候治理的领导层也发生了巨大的更迭、分化与重组，新的国际制度与规制逐渐形成，气候治理的资金与技术等也在呼唤创新机制和新兴推动力。中国、印度、巴西和南非等发展中国家成为全球气候治理的"新兴势力"，彼此合作协调，为重构全球气候治理、实现全球气候政治公义、促进全球气候制度完善作出了不懈的努力。

自20世纪80年代以来，随着气候风险的加剧与科学确定性的显现，国际社会开启了应对气候变化的"集体行动"。气候变化从自然科学议题演变为国际关系与大国博弈议题。今天，任何一个议题的政治性或许都无法与气候变化相提并论，因为它超越了传统的国家边界，呼吁世界各国政府、企业与民众相互合作。换言之，在气候变化视域下，国际政治争夺的焦点转向"碳排放权"。气候变化扩大了政治光谱，使得原本属于个人的与非政治的领域也被政治化了。对于以《纽约时报》为代表的美国媒体而言，在对"他者"的气候报道中呈现出的社会责任也不可避免地受到国际关系与大国博弈因素的影响。随着全球气候风险的加剧，气候变化已进入国际外交的议程，成为国际社会博弈的又一个焦点议题。早在1989年，美国学者沃斯（David A. Wirth）就在《外交政策》杂志中指出：为了更好地应对气候变化的不利影响，国际社会应将它提高到外交政策议程的高度。此后,更多学者站出来认同"气候变化已成为当前重要的外交议题"的事实,并且认为气候变化不仅会导致海平面上升与大规模移民问题,而且可能导致战争爆发。从根本上说,气候外交体现了世界各国在政治与经济方面的博弈,特别是发达国家与发展中国家的发展权博弈。

气候外交可以从狭义和广义两个维度进行定义。狭义的气候外交是指主权国家通过外交部门和环境部门等代表国家的机关,采用交涉、谈判及其他和平方式解决涉及气候变化问题的外交活动;广义的气候外交则是指一切出于全球气候"善治"目的而进行的国际气候博弈与合作活动,其行为主体既包括国家的外交部门和环境部门,也包括一些政府间国际组织、非政府组织、公司甚至个人等。简而言之,气候外交就是各类国际行为主体为解决全球气候变化问题所采取的一种全球治理行动。

今天,"气候政治学"已成为一门显学,从对气候变化本身的关注扩展到对国家安全、地缘政治、全球治理以及全球正义等多个领域。美国学者珀斯纳(Eric A. Posner)与桑斯坦恩(Cass R. Sunstein)对由气候变化衍生出来的正义问题做了深刻剖析。他们指出:国际社会以美国的经济实力和大国责任为理由,推动美国大规模减排并为发展中国家减排提供支持,是缺乏正当性与合理性的。据此,他们认为美国拒绝签署《京都议定书》的理由非常充分。然而,这种为美国游离在气候变化国际公约之外的辩护明显是站不住脚的。诚如学者曹荣湘所言,所谓正义问题,不仅是分配正义与矫正正义的问题,而且是在减排义务和发展权利之间选择更加符合公平与正义,且更具操作性与可行性的问题。发达国家对发展中国家的气候援助,不能仅被视作一种施舍(分配正义)或是补偿(矫正正义),而更应视作一种"共善",一种通过帮助发展中国家实现可持续发展以确保自身永续发展的选择,是一种摆脱"囚徒困境"的策略。

在全球气候外交中,国际社会已出现重重矛盾,如发达国家与发展中国家的矛盾以及发达国家内部的矛盾。自1992年联合国环境大会召开以来,全球气候外交已蔚为大观,然而现实层面依然面临着各种障碍,主要体现在以下四个方面。

第一,发达国家与发展中国家在气候治理责任分配上的分歧。发达国家不愿率先承担减排的责任,发展中国家更难担负起减排的责任。第二,发达国家不愿为发展中国家提供气候治理所需的资金和技术支持。全球气候治理不仅是意愿问题，更是能力问题。发达国家在气候治理的资金和技术上占优，却总以知识产权保护为借口拒绝承担援助责任。不仅如此，发达国家还试图利用自身的环保技术优势来谋取经济利益，这样就更加降低了发展中国家对于气候治理的积极性。第三，观望和"搭便车"的现象依然存在。在全球气候治理中，很多国家依然处于观望状态，希望通过"搭便车"的方式获得减排红利，这从美国拒签《京都议定书》、日本认为减排责任分配不公以及俄罗斯认为自己应被划入发展中国家等例子中可见一斑。第四，绿色霸权主义与强权政治依然存在。尽管欧美霸权主义思维相较于过去有了一定程度的弱化，但强权政治的思维一直没有消除。在国际气候谈判中，大国始终扮演着支配角色，小国没有获得充分的话语权。在应对气候变化的过程中，发达国家有两个盘算，即在解决气候变化问题的同时建立环境霸权，在道德上谴责发展中国家。通过设置碳关税等各种绿色贸易壁垒，发达国家试图打压发展中国家的发展空间，从而维持它们的生态霸权。

  对于美国而言，气候变化议题与其气候外交政策息息相关。由于两党政治和利益集团的不同，美国的气候外交在不同的时期有不同的表现。英国学者霍普古德（Stephen Hopgood）指出：美国的气候外交应从国家声誉、跨国公司的全球利益以及环保科技竞争等方面加以衡量。美国前国务卿克里斯托弗指出，美国要把推进全球利益的能力与处理地球自然资源紧密关联起来。美国政府也逐渐意识到，全球气候变化会对国际安全造成新的威胁，这不仅会加剧资源枯竭地区的冲突和动荡，还可能使原本稳定的地区变得紧张，因此为维护美国利益、保证美国国家安全应将气候危机纳入国家安全的范畴并在全球范围内增加对发展中国家的援助。除了政治利益，气候变化还与美国的经济利益息息相关。美国政府十分清楚，气候变化议题与贸易问题是结合在一起的，跨国公司希望借由对母国政府施加影响以扩大自身的利益。因此，美国政府的气候外交体现出跨国公司的政策立场。美国《环境外交报告》指出，美国有责任采取措施应对全球气候变化，但这些措施必须和美国经济的持续增长与竞争力的不断增强相协调。因此，当环境利益与经济利益发生冲突时，美国会毫不犹豫地为了经济利益而牺牲环境利益，这从美国对《京都议定书》的态度可见一斑。美国在温室气体减排问题上的勉强与对发展中国家援助问题上的纠结都反映出美国并无担负全球气候治理的政治意愿。"美国因其强大的经济优势在许多领域都扮演了领导角色,但在气候领域,美国并不打算扮演领导角色。"

在美国学者科恩(Bernard Cohen)看来,"媒体是一个具有重大影响的政治行为体,不可避免地交织在国内与国外政策的每一个方面"。媒体是拥有自己权力的政治行为体,能够扮演很多政治角色,如社会的稳定器、权力的约束机构和社会变革的酵母等。在美国媒体的"他者"气候报道中,媒体社会责任与气候外交的关联主要体现在三个方面:第一,气候外交为美国媒体的气候报道提供了基础材料。以《纽约时报》和《华盛顿邮报》这两家美国主流报纸为例,国际新闻的版面占40%左右,《纽约时报》之所以在全世界享有很高的声誉,很大程度上要归功于它的国际新闻报道。第二,国家利益决定了美国媒体气候报道的性质和倾向。媒体的传播属于上层建筑的意识形态范畴,服从并服务于经济基础。对于媒体来说,在国际关系事件中,对该国政治的影响力越大,其新闻价值就越大,也就更容易受到媒体的追逐。第三,国家利益影响着美国媒体气候报道的方式。气候外交对于美国媒体"他者"报道的集中程度有着十分明显的影响,各种突发性的国际事件也会对媒体的气候报道产生影响。从美国媒体气候报道的数量与频率来看,国家综合实力是一个重要的指标。中国与印度两国在《纽约时报》出现的频率与数量居所有"他者"国家前两位,这充分说明它们对于美国的国家利益是重要的。

气候外交的特殊性决定了国际气候谈判的艰巨性,霸权主义与强权政治并不能转换为全球共识。正是因为美国在国际气候谈判中立场与态度的"左右摇摆",《纽约时报》对于"他者"在气候治理中的形象建构也产生了一种矛盾的情绪,"他者"在"博弈者"与"合作者"的不同身份之间游走,时而积极,时而消极。以中国这个最大的"他者"国家为例,《纽约时报》对于中国的气候报道是其中国观的重要组成部分,受国际格局、中美关系与意识形态等多重因素的影响。冷战结束后,世界秩序经历了深刻的变革,中美关系发生了"范式性的变化",其实质是崛起大国与守成大国之间的博弈。在中美博弈的过程中,气候议题具有十分特殊的地位,是中美两国非常有合作潜力的领域之一。《纽约时报》之所以大力渲染中国的经济发展给世界环境带来的负面影响并质疑中国在全球气候治理中的角色,其目的是维护美国在现有国际体系中的权威地位,诋毁中国的国际形象。从《纽约时报》对于"他者"气候报道的历时性文本分析来看，由国家利益、国际关系与大国博弈等现实且功利的视角出发建构的"他者"形象显然不能承担客观、公正地报道全球气候风险的媒体社会责任。

第四节　文化偏见视域下"他者"气候报道中的美国媒体社会责任

作为美国社会文化系统的不可分割的重要组成部分，美国媒体在"他者"气候报道时不可避免地受到文化偏见的影响。从根本上说，美国媒体在报道以中国为代表的发展中国家的气候变化与气候治理议题时表现出的态度波动是一种文化优越感的心理透视。它们为了确立以自身为中心的价值与权力秩序、为表现文化主体自身的观念、想象、价值、信仰与情感，塑造了一个与自身对立的文化影像。它们通过"他者"的气候治理审视自我、认识自我，满足自我的需求。当自我因气候变化问题陷于僵局时，它们在"他者"身上寻求平衡；当自我在气候治理问题上趋于保守时，"他者"便成为激进的源泉；当它们迷失了气候治理的方向时，"他者"又为它们提供了希望。以《纽约时报》为代表的美国主流媒体建构出来的"他者"形象，事实上是对"他者"国家和"他者"文化的误读。

乐黛云从文化的宏观视角对"误读"的界定如下："所谓'误读'，是按照自己的文化传统、思维方式，自己熟悉的一切去解读另一种文化。一般而言，人们只能按照自己的思维模式去认识这个世界。他原有的'视域'决定了他的'不见'和'洞见'，决定了他对另一种文化如何选择、如何切割，然后又决定了他如何对其进行认知和解释。"福柯认为，这种定型化的表征实践常常在权力与知识明显不平衡处显现，即"权力—知识"游戏。文化"他者"的定型化表征通过美国媒体的符号权力体现，媒体在"符号暴力"中建构出"他者"形象。

美国媒体对"他者"的文化偏见主要有以下三点：

第一，从本国发展需求来认识、解读"他者"，评价"他者"文化。美国媒体对"他者"自20世纪90年代以来的国内气候治理及参与全球气候治理的认识与"他者"本身并没有直接关联，更多是出于解决自身问题的需要，功利性色彩极强，很少有"客观"或"正确"的认识与评价。美国历史学家史景迁

(Jonathan D. Spence)将此称为"文化利用"。美国媒体出于思想理论体系建构的需要,对"他者"文化采取"为我所用"的态度,这就导致"他者"的媒介文化形象塑造总是被打上美国气候治理思想观念的烙印。

第二,美国媒体的民族中心主义意识形态使得异域文化的生产以贬低"他者"为基本观点。法国人类学家列维-斯特劳斯(Claude Levi-Straiss)指出,"民族中心主义毫不含糊地摒弃那些跟我们认同的文化完全不同的文化形式,譬如道德的、宗教的、社会的、审美的文化形式,折射出对陌生文化的生活、信仰和思想方式的惊恐和厌恶"。美国媒体的民族中心主义对弱小民族持有一种文化帝国主义的态度,认为只有自己的文明才是世界性文明,觉得将自己有关全球气候治理的思想意识和文化传统强加在"他者"头上是理所应当的,全然不考虑本国的生产方式可能会对全球气候系统造成侵蚀和破坏,也不考虑"他者"国家的气候政策的适应性。美国媒体为了证明气候治理中的"美国优越"和"美国例外",需要负面的"他者"形象加以衬托。

第三,美国媒体有意造成对"他者"形象的误读。美国媒体常常以确认本国意识形态的正确性为出发点,并以此衡量他国的气候政策和全球气候治理,从而形成了根深蒂固的偏见。有时,美国媒体为了证实本国气候政策的正确性而不惜歪曲"他者"国家努力减排的事实,选择于己有利的信息,进行偏袒性报道。在国际关系中,美国媒体还会用"污名化"的方式"谴责"发展中国家的气候治理。"污名"是指国家间围绕权力博弈时所使用的的贬抑性、侮辱性指称。而"污名化"则是一种由竞争和排斥所驱使的话语建构。污名一旦形成,会对污名客体产生消极影响,甚至成为主体采取排斥性或攻击性政策的理由。因此,污名化也是一种政治策略。

第六章 "他者"气候报道研究反思与展望

第一节 "他者"国家自我形象建构的媒体社会责任

客观地看,美国退出《巴黎气候协定》造成了全球气候治理中的"权力真空"与"责任缺位"。然而,当美国在"退群"的时候,以中国为代表的"他者"国家却在"建群",为新兴发展中国家参与全球气候治理创造了新的契机。一方面,发展中国家可以更合理地运用现有国际制度与规范进行气候治理;另一方面,它们可以避开美国的阻碍,更为积极主动地参与新的气候治理规则的制定,推动全球气候治理的公平与正义。在极端天气出现越来越频繁、全球气候治理合作亟待加强的今天,以中国为代表的"他者"国家不能寄希望于《纽约时报》这样的美国媒体在媒体社会责任上出现根本性的改变,只有通过自我建构与合作建构才能更好地履行建构"他者"气候治理形象的媒体社会责任。2020年9月22日,中国国家主席习近平在第75届联合国大会一般性辩论上宣布:"中国将提高国家自主贡献力度,采取更加有力的政策和措施,二氧化碳排放力争于2030年前达到峰值,努力争取2060年前实现碳中和。"由此,气候变化成为中国政策制定的优先议题,是中国未来发展和产业转型的新契机。因此,作为"他者"国家媒体代表的中国媒体应更为积极主动地参与国家应对气候变化的战略行动,更为有效地进行气候传播,为本国甚至世界生态文明建设和绿色发展作出贡献。

当前,"他者"国家媒体在气候报道中遭遇的各种责难甚至阻碍都说明了我们需要建构新的国际传播系统。在这一过程中,"他者"国家媒体的气候传播应做到以下六点。

第一，运用气候正义话语框架阐释国家立场，争夺气候话语权。在过去几十年里，美国媒体经常渲染"中国气候威胁论"与"中国能源威胁论"等论调，对中国的气候问题及影响进行污名化的报道，对中国的气候治理历程、气候治理政策和行动进行误读和扭曲，并将美国的意识形态和价值观传播给国际社会，影响他国公众对于中国气候治理和中国国家形象的负面认知。气候正义虽被视为达成全球气候治理共识和行动的基础，但是在现有美国媒体的气候报道中，却极少出现相关话语，气候正义话语及框架一直被排除在外。为了应对这种不现实的"媒介现实"，"他者"国家政府和媒体在国际气候政治与外交场域及气候议题的国际传播中，应加大气候正义话语阐释的力度，充分利用气候正义话语框架进行议程设置，表明自身积极应对气候变化并参与全球气候治理的立场和态度，阐释"他者"国家的气候治理政策和"共同但有区别的责任划分"原则，承担减排目标，从气候正义视角争取气候话语权。由于气候传播是一个长期而艰巨的任务，"他者"国家媒体与专家学者应该共同努力，将政府、企业、社团组织与公众等各个利益相关方有机地加以整合，在气候变化的国际传播中思考如何讲好发展中国家的故事，加强与国际社会的沟通，树立负责任的气候治理主体形象，有效应对质疑的声音。此外，还应对不断出现的新情势加以研究，进行科学解释，从而传播正确的气候认知。

第二，加强气候变化议题的多传播主体联动。当下，以国家为代表的气候外交已成为提升国家软实力、建构国家形象的重要政治策略，亦是积累并检验国家形象的重要途径。其他参与主体包括媒体、非政府组织、民间团体与专家学者等，这些参与主体应在国际舞台上充分开展交流，发挥更大的国际影响力。媒体要重点搭建开放性与建设性的对话平台，提升气候传播的权威性，形塑本国气候治理的良好形象，从而赢得国际受众的理解，形成支撑本国气候话语权的传播网络。

第三，重视气候生态公民形象建构，讲述"他者"气候治理故事。国民形象是国家形象的映射，一国民众在气候变化上的认知与气候保护意识反映了该国在气候变化议题上国民的整体素养，是影响正面气候治理形象建构的重要指标。"他者"国家媒体应积极鼓励并为普通民众的主动发声提供平台，加强对普通民众气候保护行动、低碳生活理念与可再生能源利用等气候保护意识和素养的宣传报道,重视普通民众气候生态公民形象的塑造,用生动、形象、有趣的叙事方式进行报道。

第四,加强议程设置,打造符合"他者"利益的气候话语体系。从某种意义上说,气候传播的关键和目标在于议程设置。欧盟在《京都议定书》《哥本哈根宣言》《巴黎气候协定》签署的前后做了大量的议程设置工作,根据自身诉求不断协调各方立场,从而达到自己的目标。在《巴黎气候协定》签署后,以法国为代表的欧盟在协定的基础上又形成了"气候雄心峰会"等国家领导者的沟通机制,并将气候变化议题与欧盟的国际领导力相关联,提高了自身的国际气候话语权。当前,中国已有意识地开展气候治理的议程设置工作,包括建立"一带一路"绿色发展国际联盟,引导"绿色金融""统一碳市场"等议程的讨论与发展。然而,从整体上看,我们在气候治理方面的议程设置能力依然较弱。媒体应发挥专业性、战略性与权威性等特点,将"他者"的气候话语资源融入人类可持续发展的整体图景中,将"他者"对于世界发展的价值建构为全球议题,打造符合"他者"国家发展方向的国际舆论场和路线图。

第五,提升"他者"国家智库的国际能见度。"智库"作为一种相对年轻的概念是独立于政治体制之外的政策研究与咨询机构,是政策制定过程中的一个重要参与者。20世纪80年代以来,围绕着"气候变化是不是伪命题"这一问题,各国科学界在大众媒体上展开了数十年的论辩,最终形成了较为一致的意见。在这其中,智库发挥了重要的"知识供给者"的角色。由于气候变化具有很强的外部性,因此我们必须达成全球共识并实现全球合作,否则气候治理的实现只能是镜花水月。对于"他者"国家而言,首先,智库需要进行全球化的顶层设计。如瑞典斯德哥尔摩环境研究所就有东南亚中心、非洲中心和英国中心,位于华盛顿的世界观察研究所也拥有国际性的董事会与多个全球合作伙伴。这些都为其全球性的影响力和知识供给创造了客观条件。为了塑造良好的气候治理的国际形象,"他者"国家的智库需要通过建立全球合作网络、国际交流平台等各类常态化、周期性或短期性机制来提升海外布局的能力。其次,"他者"国家的智库需要实现自身气候治理议题的国际化。气候变化要求智库加强对于这一人类共同威胁的应急和反应能力,提高对于气候治理研究成果和观点的全球管理、发布与传播能力,这对于提升本国的国际能见度有极大的助益。

第六,强化"他者"国家媒体在气候报道上的合作,提升国际话语权。由于国际气候治理话语体系长期被发达国家所主导，环境与发展被刻意地对立起来，"他者"国家的正常发展权利与空间被压制，承受了巨大的发展压力。因此，"他者"国家的媒体应奉行"共同但有区别的责任"原则，在双轨制的国际气候谈判中坚定地站在一起，为自身争取发展的权利、空间、资金与技术支持。

第二节 研究反思与展望

一、关于研究的反思

首先，题材的选择有一定的局限性。气候变化的确是风险社会的典型代表，但风险社会还涵盖国际冲突、恐怖主义、难民危机、环境污染、经济危机、食品危机、传染性疾病、数字鸿沟不断扩大等诸多问题。仅仅通过气候变化视角观察美国媒体社会责任在"他者"报道中的发展变化尚有一定的片面性与主观性。

其次，研究获得的气候报道话语资料尚不够全面完整，对于《纽约时报》塑造"他者"的话语分析、框架分析的普遍性有一定的影响。1990—2018年只是《纽约时报》"他者"气候形象建构的一个阶段。此外，以"气候变化"（climate change）为关键词进行搜索，可能无法覆盖与"全球暖化"（global warming）、"温室效应"（greenhouse effects）相关的文献。在话语研究层面，鉴于大部分报道的篇幅较长，研究者只能选择其中比较有代表性的事实与观点加以分析，因而在全面性与客观性上还存在一定的不足，这也是今后研究中需加以完善的地方。

最后，研究采用了 LDA 主题模型、话语分析与框架分析研究方法，旨在从高层次、中层次与低层次框架对《纽约时报》气候变化中的"他者"形象进行分析，从而观察其媒体社会责任的发展与变化。尽管研究者结合了定性分析与定量分析两种研究方法，但二者之间的内在逻辑衔接尚不够流畅，因此研究结果的信度和效度还有提升空间。此外，在案例的选取以及框架归纳上，研究尚存在典型性不足与归纳不够完整等问题，在未来的研究中应该加大定量研究方法的投入，使话语的分析更具统计学意义。

二、关于研究的展望

首先，在研究样本上，可以增加《纽约时报》的选择范围并拓宽研究话语的题材。《纽约时报》固然是美国最有代表性和影响力的媒体，但它在"他者"议题的选择与报道的深度上也会因媒体的政党及政策倾向与记者的专业水平而出现一定的局限性。今后的研究可以选取更多不同类型的媒体，如报刊中的《华盛顿邮报》《洛杉矶时报》《华尔街日报》《时代周刊》，电视中的三大电视网（ABC、NBC和CBS）、有线新闻网（CNN）与福克斯新闻网（FOX News），社交媒体中的脸书（Facebook）与推特（Twitter）等。唯有如此，才能从更大范围、更深入地了解美国媒体在气候报道中对"他者"形象的建构。在研究话语的题材上，可以从气候变化向其他风险社会中的典型问题过渡，比如恐怖主义、难民危机、粮食危机等。只有研究媒体对不同风险议题所做的报道，我们才能在风险社会视域下建构一个更为客观准确的"他者"形象，也能更好地把握美国媒体社会责任的发展进路。

其次，在研究方法上，可以将定性研究与定量研究更有机地结合起来，以提升研究的信度与效度。今后的研究可以以1—5年为区间，锁定某一家媒体进行精确的历时研究，或选择2—3家媒体进行共时研究。在LDA主题模型、话语分析、框架分析等研究方法基础上再结合内容分析，减少研究过程中的主观因素，以便进行更多话语量的分析与归纳，从而更好地推断媒介话语的意图以及话语对社会情境产生的影响。

最后，在研究案例上，可以对典型个案进行更加深入的研究。美国在大气环境治理方面有着较为丰富的经验，出台于1970年、经过1977年与1990年的两次重大修订的《清洁空气法》奠定了美国大气环境治理的基本框架，有效地缓解了美国大气系统存在的问题。此外，美国大气治理中的重要组成部分"州实施计划"将地方政府的主观能动性与联邦政府的整体气候治理目标做了有效的结合。美国在气候治理上积累的这些经验可以为其他国家所借鉴，如果越来越多的西方国家媒体在国际气候谈判的宏观面向之外能够增加这些微观面向的报道，帮助西方世界更好地应对气候变化带来的经济、社会与生态等方面的冲击，就能够推动与以中国、印度、巴西等为代表的发展中国家的对话与合作。

参考文献

中文文献

著作

［1］曹凤中.绿色的冲击［M］.北京：环境科学出版社，1999.

［2］曹荣湘.全球大变暖：气候经济、政治与伦理［M］.北京：社会科学文献出版社，2010.

［3］郭隆隆，俞冠敏，林国炯，等.联合国新论［M］.上海：上海教育出版社，1995.

［4］郭庆光.传播学教程［M］.北京：中国人民大学出版社，1999.

［5］郭小平.风险社会的媒体传播研究：社会建构论的视角［M］.北京：学习出版社，2013.

［6］贺琛.传播伦理——新闻传播者的道德责任研究［M］.西安：西安交通大学出版社，2016.

［7］乐黛云.独角兽与龙［M］.北京：北京大学出版社，1997.

［8］任孟山.国际传播与国家主权［M］.上海.上海交通大学出版社，2011.

［9］张宸.当代西方新闻报道规范：采编标准及案例精解［M］.上海：复旦大学出版社，2008.

［10］夏征龙.辞海［M］.上海：上海辞书出版社，1999.

［11］徐耀魁.西方新闻理论评析［M］.北京：新华出版社，1998.

[12] 张海滨.环境与国际关系［M］.上海：上海人民出版社，2008.

[13] 郑保卫.气候传播理论与实践——气候传播战略研究［M］.北京：人民日报出版社，2011.

[14] 中共中央马克思恩格斯列宁斯大林著作编译局.马克思恩格斯选集第一卷［M］.北京：人民出版社，2009.

[15] 周宁.天朝遥远（上册）［M］.北京：北京大学出版社，2006.

[16] 米尔斯.社会学的想象力［M］.陈强，张永强，译.北京：生活·读书·新知三联书店，2001.

[17] 戈尔.濒临失衡的地球——生态和人类精神［M］.陈嘉映，等译.北京：中央编译局出版社，1997.

[18] 萨义德.东方学［M］.王宇根，译.北京：生活·读书·新知三联书店，1999.

[19] 卡尔.历史是什么［M］.吴柱存，译.北京：商务印书馆，1983.

[20] 吉登斯.现代性与自我认同：现代晚期的自我与社会［M］.赵旭东，等译.北京：生活·读书·新知三联书店，1998.

[21] 卡明思.海洋上的美国霸权［M］.胡敏杰，霍忆湄，译.北京：新世界出版社，2018.

[22] 席勒.信息资本主义的兴起与扩张［M］.翟秀凤，译.北京：北京大学出版社，2018.

[23] 丹宁勋爵.法律的训诫［M］.杨百揆，刘庸安，丁健，译.北京：法律出版社，1999.

[24] 费尔克拉夫.话语与社会变迁［M］.殷晓蓉，译.北京：华夏出版社，2003.

[25] 伯顿.媒体与社会：批判的视角［M］.史安斌，译.北京：清华大学出版社，2007.

[26] 海德格尔.海德格尔选集（下卷）［M］.孙周兴，译.上海：上海三联书店，1996.

[27] 米切姆.技术哲学概论［M］.殷登祥，曹南燕，等译.天津：天津科学技术出版社，1999.

[28] 列维-斯特劳斯.结构人类学［M］.张祖建，译.北京：中国人民

大学出版社，2006.

[29] 罗西瑙.没有政府的治理[M].张胜军,刘小林,等译.南昌：江西人民出版社，2001.

[30] 韦伯.学术与政治[M].冯克利,译.北京：生活·读书·新知三联书店，1998.

[31] 波德里亚.象征交换与死亡[M].车槿山,译.南京：译林出版社，2006.

[32] 霍尔.表征[M].徐亮,陆兴华,译.北京：商务印书馆，2003.

[33] 雅各比.反智时代：谎言中的文化[M].曹聿非,译.北京：新星出版社，2018.

[34] 迪克.作为话语的新闻[M].曾庆香,译.北京：华夏出版社，2003.

[35] 贝克.风险社会：走向另一种现代性[M].何博闻,译.南京：译林出版社，2004.

[36] 史密斯,等.气候变化的挑战与民主的失灵[M].武锡申,等译.北京：社会科学文献出版社，2009.

[37] 卡斯帕森,等.风险的社会视野（上）[M].童蕴芝,译.北京：中国劳动社会保障出版社，2010.

论文

[1] 墨丝.气候变化传播：历史、挑战、进程和发展方向[J].赖晨希,译.东岳论丛，2013（10）.

[2] 格里芬.全球民主和生态文明[J].弭维,译.马克思主义与现实（双月刊），2007（06）.

[3] 曹亚斌.全球气候谈判中的小岛屿国家联盟[J].现代国际关系，2011（08）.

[4] 曾繁旭,戴佳,王宇琦.技术风险VS感知风险：传播过程与风险社会放大[J].现代传播，2015（03）.

[5] 曾繁旭,戴佳,郑婕.框架争夺、共鸣与扩散：议题的媒介报道分析[J].国际新闻界，2013（08）.

［6］柴麒敏.全球气候治理迎接"3.0时代"［J］.瞭望，2017（22）.

［7］陈俊，王蕾.《纽约时报》涉华环境报道的批评性话语分析［J］.编辑之友，2011（08）.

［8］陈力丹.自由主义理论和社会责任论［J］.当代传播，2003（03）.

［9］陈新平.记者与消息源关系的伦理尺度［J］.中国出版，2011（18）.

［10］迟慧广.美国网络媒体批评的发展和特点［J］.中国广播电视学刊，2014（03）.

［11］仇筠茜，陈昌凤.黑箱：人工智能技术与新闻生产格局嬗变［J］.新闻界，2018（01）.

［12］仇筠茜.新闻策展："微媒体"环境下突发新闻报道及伦理分析：以美国马拉松爆炸案报道为例［J］.国际新闻界.2013（09）.

［13］戴佳，史安斌."国际新闻"与"全球新闻"概念之辩［J］.清华大学学报（哲学社会科学版），2014（01）.

［14］单波，张腾方.跨文化传播视野中的他者化难题［J］.学术研究，2016（06）.

［15］丁金光，赵嘉欣.奥巴马执政时期美国环境外交的新变化及其影响［J］.东方论坛，2018（3）.

［16］方汉文.后现代主义文化心理：拉康的理论［J］.国外社会科学，1998（06）.

［17］房文雨.新闻专业主义中的社会责任论［J］.青年记者，2015（22）.

［18］高清海.人类正在走向自觉的"类存在"［J］.吉林大学社会科学学报，1998（01）.

［19］高冉.新世界主义与全球传播研究［J］.江苏大学学报（社会科学版），2020，22（02）.

［20］高小升.试论"基础四国"在后哥本哈根气候谈判中的立场和作用［J］.当代亚太，2011（02）.

［21］郑根成.媒介载道——传媒伦理研究［D］.南京：东南大学，2006.

［22］郭小平.风险传播研究的范式转换［C］.2006中国传播学论坛论文集.2006.

［23］郭小平.环境传播中的风险修辞："委婉语"的批判性解读［J］.新

闻与传播研究，2012，19（05）.

［24］郭小平.西方媒体对中国的环境形象建构——以《纽约时报》"气候变化"风险报道（2000—2009）为例［J］.新闻与传播研究，2010（04）.

［25］郭秀清，杨学慧.环境问题与中国国家形象的构建［J］.理论学刊，2010（03）.

［26］韩鸿，彭璟.论智媒时代社交媒体的社会责任——对2016年美国大选中Facebook假新闻事件的反思［J］.新闻界，2017（05）.

［27］何双秋，魏晨.媒体在风险社会中的社会功能［J］.传媒观察，2007（06）.

［28］何勇.西方媒体问责的历史遗产和当代解释［J］.现代传播，2017，39（02）.

［29］黄旦.负责任的公共传播者：事业化和商业化冲突中的新探索——学习美国新闻传播思想史札记［J］.新闻大学，2000（03）.

［30］纪莉，陈沛然.论国际气候报道研究的发展与问题［J］.全球传媒学刊，2016（04）.

［31］景军.泰坦尼克定律：中国艾滋病风险分析［J］.社会学研究，2006（05）.

［32］李敬.传播学领域的话语研究——批判性话语分析的内在分野［J］.国际新闻界，2014（07）.

［33］李昕蕾，王彬彬.国际非政府组织与全球气候治理［J］.国际展望，2018（05）.

［34］刘坤喆.英国平面媒体上的"中国形象"——以"气候变化"相关报道为例［J］.现代传播，2010（09）.

［35］刘涛.环境传播的九大研究领域（1938—2007）：话语、权力与政治的解读视角［J］.新闻大学，2009（07）.

［36］刘涛.新概念 新范畴 新表述：对外话语体系创新的修辞学观念与路径［J］.新闻与传播研究，2017（02）.

［37］刘涛.新社会运动与气候传播的修辞学理论探究［J］.国际新闻界，2013（08）.

［38］刘笑盈."他国崛起"与世界话语体系的重构［J］.现代传播，2014，

36（09）．

［39］刘元玲．特朗普执政以来美国国内气候政策评析［J］．当代世界，2019（12）．

［40］罗辉．国际非政府组织在气候变化治理中的影响——基于认知共同体路径的分析［J］．国际关系研究，2013（02）．

［41］马建英．全球气候外交的兴起［J］．外交评论，2009（06）．

［42］马凌．新闻传媒在风险社会中的功能定位［J］．新闻与传播研究，2007（04）．

［43］孟建，赵元珂．媒介融合：粘聚并造就新型的媒介化社会［J］．国际新闻界，2006（07）．

［44］闵秀玲．"他者"的媒介呈现——新冠肺炎全球媒体呈现"他者"制造［J］．新闻传播，2020（05）．

［45］秦瑜明，周晓萌．再造现代性：风险社会的媒体传播与社会治理［J］．现代出版，2020（05）．

［46］秦志希，郭小平．论"风险社会"危机的跨文化传播［J］．国际新闻界，2006（03）．

［47］邱洪峰．美国主流报纸的中国环境形象建构："议题关注周期"视角［J］．新闻界，2015（09）．

［48］申文静，戴佳．新闻中的"他者"：新华社、美联社和路透社埃及政治危机［J］．全球传媒学刊，2016（02）．

［49］石晨霞．联合国在气候变化治理中面临的困境及其应对［J］．国际展望，2014（03）．

［50］檀有志．国际话语权与公共外交路径［J］．对外传播，2013（04）．

［51］童兵，潘荣海．"他者"的媒介镜像——试论新闻报道与"他者"制造［J］．新闻大学，2012（02）．

［52］汪万发．全球环境治理中的环境智库：国际情况与中国方案［J］．环境与可持续发展，2019（02）．

［53］王积龙，路鹏程，黄康妮，等．中美环境新闻记者气候报道知识之比较研究——一种第三世界生态批评的阐释［J］．新闻与传播研究，2016（12）．

［54］王沛楠，史安斌．西方新闻业的社会角色：理论想象与实践研究［J］．

中国编辑，2019（04）.

［55］王妍.警惕网络"信息茧房"效应［J］.人民论坛，2020（11）.

［56］王怡红，宁新.论美国社会责任论的发展及其局限［J］.现代传播，1993（03）.

［57］翁青青.气候外交话语中的隐喻和身份建构——以英国、加拿大、中国在历次气候大会上的发言为例［J］.当代亚太，2013（05）.

［58］吴静，韩钰，朱潜挺，王铮.国际气候谈判中的国家集团分析［J］.中国科学院院刊，2013（06）.

［59］吴彤，徐建华.基于内容分析法的气候变化报道国际比较［J］.北京大学学报（自然科学版），2016（02）.

［60］习近平.推动我国生态文明建设迈上新台阶［J］.理论导报，2019（08）.

［61］夏正伟，梅溪.试析奥巴马的环境外交［J］.国际问题研究，2011（02）.

［62］辛静.熟悉的陌生人：美国新闻媒体中被他者化的中国作家莫言［J］.国际新闻界，2015，37（04）.

［63］邢悦，贾伟.美国主流媒体公信力下降的原因分析［J］.世界政治研究，2020，3（04）.

［64］严晓青.媒介社会责任研究：现状、困境与展望［J］.当代传播，2010（02）.

［65］严怡宁.影响国际新闻报道的因素——几种不同的研究视角［J］.江淮论坛，2007（05）.

［66］叶小兰.风险社会下国际气候正义的困境与出路——以哥本哈根气候峰会为视点［J］.新疆社科论坛，2010（03）.

［67］俞可平.全球治理引论［J］.马克思主义与现实，2002（01）.

［68］张超，周怡.气候公共外交的必要性及其对外传播策略［C］.新闻学论集.2013（02）.

［69］张春华.传媒体制、媒体社会责任与公共利益——基于美国广播电视体制变迁的反思［J］.国际新闻界，2011（03）.

［70］张剑.西方文论关键词：他者［J］.外国文学，2011（01）.

[71] 张丽君. "弃用核能"的政策选择与德国国家形象的塑造[J]. 河南师范大学学报（哲学社会科学版），2012（02）.

[72] 张丽君. 中国气候变化形象形成的国际传播学分析[J]. 华东师范大学学报（哲学社会科学版），2013（04）.

[73] 张志安，冉桢. "风险的社会放大"视角下危机事件的风险沟通研究——以新冠疫情中的政府新闻发布为例[J]. 新闻界，2020（06）.

[74] 张志洲. 提升气候问题传播的话语质量[J]. 对外传播，2010（09）.

[75] 赵斌. 大国国际形象与气候政治参与：一项研究议程[J]. 天津行政学院学报，2013（04）.

[76] 赵斌. 全球气候治理的"第三条路"？——以新兴大国群体为考察对象[J]. 教学与研究，2016（04）.

[77] 赵斌. 退向未来：全球气候政治的伦理反思[J]. 当代世界，2021（05）.

[78] 郑保卫，宫兆轩. 从德班气候大会看中国气候传播与环保形象建构[J]. 对外传播，2010（09）.

[79] 郑保卫. 我国气候变化问题对外传播话语体系建构[J]. 对外传播，2014（11）.

[80] 郑涵，金冠军. 论当代国际传媒研究中的两大关键词：社会责任与问责[J]. 现代传播，2007（03）.

[81] 周大鸣. 文化多元性与全球化背景下的他者认同[J]. 学术研究，2012（06）.

[82] 朱旭峰，苏钰. 西方思想库对公共政策的影响力——基于社会结构的影响力分析框架构建[J]. 世界经济与政治，2004（12）.

[83] 朱元鸿. 风险知识与风险媒介的政治社会学分析[J]. 台湾社会研究季刊，1995（19）.

[84] 陈潇潇. 全球变暖风险的国际媒介建构——以中美通讯社报道为例[D]. 武汉：武汉大学，2010.

[85] 季丽珺. 气候话语与气候政治——《华盛顿邮报》关于哥本哈根气候会议报道中的中国形象的批评性话语研究[D]. 镇江：江苏大学，2012.

[86] 李余三. 《纽约时报》镜像下中国环境形象的建构——以涉华环境报

道（2005—2014）为例［D］.武汉：湖北大学，2012.

［87］秦静.国外纸媒涉华气候变化报道中的中国国家形象研究（2007—2017）［D］.上海：华东师范大学，2018.

［88］全燕.基于风险社会放大框架的大众媒介研究［D］.武汉：华中科技大学，2013.

［89］宿晓.国际正义与全球正义辩——以罗尔斯和博格为参照［D］.长春：吉林大学，2006.

［90］燕道成.传媒责任伦理研究［D］.长沙：中南大学，2010.

［91］张晓耘.基于国家行为理论的国家形象塑造：以中国应对气候问题为个案［D］.上海：复旦大学，2010.

［92］章敬平.不得不重视——从信息时代媒体对隐私的侵犯看媒介的自律和他律［D］.杭州：浙江大学，2007.

［93］赵凌.媒介·话语·权力·身份："农民工"话语考古与身份生产研究［D］.杭州：浙江大学传媒与国际文化学院学院，2013.

网络/电子文献

［1］柴麒敏.全球气候治理是一面时代的镜子［EB/OL］.（2019-12-31）［2021-05-20］.http：//www.https：//www.thepaper.cn/newsDetail_forward_5382448.

［2］崔国辉.从《京都议定书》到《巴黎协定》中国逐渐成为国际气候治理引领者［EB/OL］.（2018-05-29）［2021-03-17］.http：//www.china.org.cn/Detail.aspx?newsId=70469&TId=61.

［3］黄承梁.生态文明是人类文明发展的历史趋势［EB/OL］.（2021-10-15）［2021-11-10］.http：//theory.people.com.cn/n1/2021/1015/c40531-32254713.html.

［4］刘晓明.对西方资本主义困境的观察与思考［EB/OL］.（2013-04-12）［2020-10-08］.http：//opinion.people.com.cn/n/2013/0412/c1003-21107617-2.html.

［5］刘元玲.中美气候外交如何从政治僵局中突围［EB/OL］.（2021-08-03）［2021-10-02］.https：//chinadialogue.net/zh/3/72773/.

［6］唐书彪.气候传播：改变中国形象的突破口［EB/OL］.（2011-11-25）［2020-12-12］.http：//www.http：//www.cma.gov.cn/2011xwzx/2011xqhbh/2011xdtxx/201111/t20111125_154910.html.

英文文献

著作

[1] ALTSCHULL J H. From Milton to McLuhan: the ideas behind American journalism[M]. New York: Longman,1990.

[2] ANHEIER M, GLASIUS M, KALDOR M. Global civil society[M]. Oxford: Oxford University Press, 2001.

[3] BECK U. The reinvention of politics: rethinking modernity in the global social order[M]. Oxford: Polity Press,1997.

[4] BELSEY A, CHADWICK, R. Ethical issues in journalism and the media[M]. London: Routledge, 1992.

[5] BERRY D. Journalism, ethics and society[M]. Farnham: Ashgate, 2008.

[6] BURTON G. Media and society: critical perspectives[M]. UK: Open University Press, 2005.

[7] CAMPBELL C P. Race, myth and the news[M]. Thousand Oaks: Sage, 1995.

[8] CHRISTIANS C G, FERRE J P, FACKLER P M. Good news: social ethics and the press[M]. New York: Oxford University Press, 1993.

[9] COHEN B C. The press and foreign policy[M]. Princeton, NJ: Princeton University Press, 1963.

[10] WILLIAMS K. International journalism[M]. London: Sage, 2011.

[11] COVELLO V T, LAVE L B, MOGHISSI A, UPPULURI V R R. Uncertainty in risk assessment, risk management, and decision making[M]. New York: Plenum Press, 1987.

[12] DOROGI T L. Tainted perceptions: liberal-democracy and American

popular images of China[M]. Lanham: University Press of American, 2001.

[13] DRYZEK J S, NORGAARD R B, SCHLOSBERG D.The Oxford handbook of climate change and society[M]. Oxford: Oxford University Press, 2011.

[14] ELLIOTT D. Responsible journalism[M]. Thousand Oaks, CA: Sage, 1986.

[15] FOOT R, MACFARLANE S N, MASTANDUNO M. US hegemony and international organizations[M]. Oxford: Oxford University Press, 2003.

[16] FOUCAULT M. The archaeology of knowledge[M]. London: Routledge, 1992.

[17] GIDDENS A. The Politics of climate change[M]. Cambridge, UK: Polity Press, 2009.

[18] HALL S, CRITCHER C, JEFFERSON T, CLARKE J, ROBERTS B. Policing the crisis: mugging, the state, and law and order[M]. London: Macmillan, 1978.

[19] HALLIDAY F. Islam and the myth of confrontation[M]. London: I. B. Taurus, 1996.

[20] HARAWAY D. Primate visions: gender, race and nature in the world of modern science[M]. London: Verso, 1998.

[21] IYENGAR S. Is anyone responsible?[M]. Chicago, IL: University of Chicago Press, 1991.

[22] JONAS H. The imperative of responsibility[M]. Chicago, IL: University of Chicago Press, 1984.

[23] JOPPKE C. Mobilizing against nuclear energy: a comparison of Germany and the United States[M]. Berkeley: University of California Press, 1993.

[24] KELLNER D. Media culture: cultural studies, identity and politics between the modern and the postmodern[M]. London: Routledge, 1995.

[25] LAFFERTY W, MEADOWCROFT J. Implementing sustainable development[M]. Oxford: Oxford University Press, 2000.

[26] LERBINGER O. The crisis manager: facing risk and responsibility[M]. Mahwah, NJ: Lawrence Erlbaum, 1997.

[27] LEWIS J, CRICK P. Media law and ethics in the 21st century: protecting

free expression and curbing abuses[M]. London: Palgrave Macmillan, 2014.

[28] MACBRIDE COMMISSION. Many Voices, One World: Report by the International Commission for the Study of Communication Problems[M]. Paris: Kogan Page, 1980.

[29] MALEK A, KAVOORI A. The Global dynamics of news: studies in international news coverage and news agenda[M]. Norwood, NJ: Ablex, 2000.

[30] MCCARGO D. Media and politics in pacific asia[M]. London: Routledge, 2003.

[31] NEWMA N. Journalism, media, and technology trends and predictions[M]. Oxford: Reuters Institute for the Study of Journalism, 2020.

[32] NISBET M C. Climate Shift: clear vision for the next decade of public debate[M]. Washington, DC: Am.Univ. School Commune.

[33] REESE S D, GANDY O H, GRANT A E. Framing public life: perspectives on media and our understanding of the social world[M]. Mahwah, NJ: Lawrence Erlbaum Associates, 2001.

[34] SANDERS K. Ethics & journalism[M]. London: Sage, 2003.SANDERS K. Ethics & journalism[M]. London: Sage, 2003.

[35] SCHORSKE K. Fin-de-siecle Vienna: politics and culture[M]. New York: Knopf, 1980.

[36] TUCHMAN G. Making news: a study in the construction of reality[M]. New York: Free Press, 1978.

[37] WARD S J. Global journalism ethics[M]. Montreal: McGill-Queen's University Press, 2010.

[38] WEIMANN G. Communication unreality: modern media and the reconstruction of reality[M]. Thousand Oaks, CA: Sage, 2000.

论文

[1] AGRAWALA A. Context and early origins of the intergovernmental panel on climate change[J]. Climate change, 1998, 39(4).

[2] Anderson A. Media, politics and climate change: towards a new research agenda[J], 2009, 3(2).

[3] ANDONOVA L B. Transnational climate governance[J]. Global environmental politics, 2009, 9(2).

[4] ANTILLA L. Climate of scepticism: US newspaper coverage of the science of climate change[J].. Global environmental chance, 2005, 15(4).

[5] APODACA C. The whole world could be watching: human rights and the media[J]. Journal of human rights, 2007, 6(2).

[6] BENNETT W L. Toward a theory of press-state relations in the United States[J]. Journal of communication, 1990, 40(2).

[7] BOEHMER-CHRISTIANSEN S. Britain and the international panel on climate change: the impacts of scientific advice on global warming[J]. Environmental politics, 1995, 30(1).

[8] BOLSEN T, SHAPIRO M A. The US news media, polarization on climate change, and pathways to effective communication[J]. Environmental communication, 2017, 12(2).

[9] BRULLE R J, CARMICHAEL J, JENKINS J C. Shifting public opinion on climate change: an empirical assessment of factors influencing concern over climate change in the U.S., 2002-2012[J]. Climate change, 2012 ,114(2).

[10] CARLSON M. Dueling, dancing, or dominating? journalists and their sources[J]. Sociology compass, 2009, 3(4).

[11] CARRAGEE K, ROEFS W. The neglect of power in recent framing research[J]. Journal of communication, 2004, 54(2).

[12] CARVALHOA, BURGESS J. Cultural circuits of climate change: an analysis of representations of "dangerous" climate change in the UK broadsheet press 1985-2003[J]. Risk analysis, 2005, 25(6).

[13] COTTLE S. Rethinking news access[J]. Journalism studies, 2010, 1(3).

[14] DE VREESE CH. News framing: theory and typology[J]. Information design + document design, 2005, 13(1).

[15] DISPENSA J M, BRULLE R J. Media's social construction of

environmental issues: focus on global warming--a comparative study[J]. International journal of sociology and social policy, 2003, 23(10).

[16] DOWNS A. Up and down with ecology: the "issue-attention cycle"[J]. Public interest, 1972, 28 (Summer).

[17] DUNN E W, MOORE M, NOSEK B A. The war of the words: how linguistic differences in reporting shape perceptions of terrorism[J]. Analyses of social issues and public policy, 2005, 5(1).

[18] EIDE E, YTTERSTAD A. The tainted hero: frames of domestication in Norwegian press representation of the Bali climate summit[J]. The international journal of press/politics, 2001, 16(1).

[19] ENTMAN R M. (1993). Framing: toward clarification of a fractured paradigm[J]. Journal of communication, 1993, 43(4).

[20] FAHY D, NISBET M C. Shifting roles and emerging practices[J]. Journalism, 2011, 12(7).

[21] FRIEDMAN S M, VILLAMIL K, SURIANO R A, EGOLF B P. Alar and apples: newspapers, risk and media responsibility[J]. Public understanding of science, 1996, 5(1).

[22] HALLDING K, JURISOO M, CARSON M, ATTERIDGE A. Rising powers: the evolving role of BASIC countries[J]. Climate policy, 2013, 13(5).

[23] HALTINNER K, SARATHCHANDRA D. (2021). The nature and nuance of climate change skepticism in the United States[J]. Rural sociology, 2021, 86 (4).

[24] HAN J, SUN S, LU Y. Framing climate change: a content analysis of Chinese mainstream newspapers from 2005 to 2015[J]. International journal of communication, 2017, (11).

[25] HART P S. One or many? the influence of episodic and thematic climate change frames on policy preferences and individual behavior change[J]. Science communication, 2011, 33(1).

[26] HELD D. Cosmopolitanism: globalization tamed?[J]. Review of international studies, 2003, 29 (4).

[27] INGENHOFF D, KOELLING A M. Media governance and corporate

social responsibility of media organizations: an international comparison[J]. Business ethics: a European review, 2012, 21(2).

[28] IYENGAR S. How citizens think about national issues: a matter of responsibility[J]. American journal of political science, 1989, 33(4).

[29] KEENEY R L, WINTERFELD D V. Improving risk communication [J]. Risk analysis, 1986, 6(4).

[30] KROSNICK J, HOLBROOK A, VISSER P. The impact of the fall 1997 debate about global warming on American public opinion[J]. Public understanding of science, 2000, 9(3).

[31] LACY S, COULSON D. Newspaper source use on the environmental beat[J]. Newspaper research journal, 2000, 21(1).

[32] MCCOMAS K, SHANAHAN J. Telling stories about global climate change: Measuring the impact of narratives on issue cycles[J]. Communication research, 1999, 26(1).

[33] MCCOMBS M, LLAMAS J P, LOPEZ-ESCOBAR E, REY F. Candidate images in Spanish elections: second-level agenda-setting effects[J]. Journalism & mass communication quarterly, 1997, 74(4).

[34] MCCRIGHT A M. Anti-reflexivity and climate change skepticism in the US general public[J]. Human ecology review, 2016, 22(2).

[35] MCCRIGHT A M, DUNLAP R E. Defeating Kyoto: the conservative movement's impact on U.S. climate change policy[J]. Social problems, 2003, 50(3).

[36] MCINTYRE J S. Repositioning in a landmark: the Hutchins commission and freedom of the press[J]. Critical studies in mass communication, 1987, 4(2).

[37] MICHAELOWA K, MICHAELOWA A. (2012). Negotiating climate change[J]. Climate policy, 2012, 12(5).

[38] MOERNAUT R, MAST J, PAUWELS L. Framing climate change: a multi-level model[J]. Handbook of climate change communication, 2017 (1).

[39] MONSON S. Ebola as African: American media discourses of panic and otherization[J]. Africa today, 2017, 63(3).

[40] NISBET M C. Communicating climate change: why frames matter for

public engagement[J]. Environment, 2009, 51(2).

[41] NURULLAH A S. Portrayal of muslims in the media: 24 and the othering process[J]. International journal of human sciences, 2010, 7(1).

[42] O'NEILL S J, WILLIAMS H T, WIERSMA T, BOYKOFF M. Dominant frames in legacy and social media coverage of the IPCC fifth assessment report[J]. Nature climate change, 2015, 5(4).

[43] OOI S M, D'ARCANGELIS G. Framing China: discourses of othering in US news and political rhetorical[J]. Global media and China, 2018, 2(3-4).

[44] PASQUARE F A, OPPIZZI P. How do the media affect public perception of climate change and geohazards? an Italian case study[J]. Global and planetary change, 2012, 90-91.

[45] PLOUGH A, KRIMSKY S. The emergence of risk communication studies: social and political context[J]. Science, technology, and human values, 1987, 12(3&4).

[46] SCHLESINGER P, HUMBER H, MURDOCK, G. The media politics of crime and criminal justice[J]. British journal of sociology, 1991, 42(3).

[47] SCHOENFELD A. C, MEIER R F, GRIFFIN R J. (1979). Constructing a social problem: the press and the environment[J]. Social problems, 1979, 27(1).

[48] SILVA D. The othering of muslims: discourses of radicalization in the new york times, 1969-2014[J]. Sociological forum, 2017, 3(1).

[49] UNGAR S. The rise and (relative) decline of global warming as a social problem[J]. The sociological quarterly, 1992, 33(4).

[50] VAN LIEDEKERKE L. Media ethics: from corporate governance to governance, to corporate social responsibility. Communications, 2004, 29(1).

[51] WARD S J. Philosophical foundations for global journalism ethics[J]. Journal of mass media ethics, 2005, 20(1).

[52] WESSLER H, WOZNIAK A, HOFER L, LUCK J. Global multimodal news frames on climate change: a comparison of five democracies around the world[J]. The international journal of press/politics, 2016, 21(4).

[53] WIRTH D A. Climate chaos[J]. Foreign policy, 1989, 74(3).

[54] ZEHR S C. Public representations of scientific uncertainty about global climate change[J]. Public understanding of science, 2000, 9(2).

网络 / 电子文献

[1] Pew Research Center for the People and the Press. Support for Alternative Energy and Offshore Drilling [EB/OL]. (2010-03-02)[2021-08-02].http://pewresearch.org/pubs/1509/alternative-energy-offshore-oil-drilling-nuclear-cap-and-trade.

[2] World Population Review [EB/OL]. (2021-09-04)[2021-10-02].https://worldpopulationreview.com/countries/countries-by-gdp

附　录

附录1　框架的类别与操作路径

框架类别	框架构面	具体框架	变量
内容框架	本质层面	问题界定框架	报道是否表明"气候变化"各方存在争议？ 报道是否显示各方对气候变化存在质疑？
		科学—事实框架	是否涉及气候变化的普及性知识？ 是否涉及证明气候变化真实存在的科学依据？ 是否反映气候变化对自然与人类社会的影响？
	认识层面	经济社会后果框架	宏观维度：是否表明气候变化对全球社会与经济的影响？ 微观维度：是否突出气候变化造成的自然灾害、饥荒、疾病、经济下行等社会不安定的具体因素？
		因果解释框架	是否对造成气候变化的各种原因进行分析？
		责任（对策建议）框架	是否强调个人、群体、产业与国家在应对气候变化问题上应承担的责任或作出的贡献？
		气候正义框架	是否表明"他者"国家受气候变化的影响更大？ 发达国家是否应该向"他者"国家提供资金与技术支持？ 是否明确发达国家与"他者"国家之间有"共同但有区别"的碳排放原则？
	行动层面	行动框架	是否清楚地表明气候变化的主体将为全球气候治理作出贡献？
		冲突框架	各方是否呈现出不同的立场与诉求？

续表

框架类别	框架构面	具体框架	变量
内容框架	受众发动层面	损益判断框架	如果受众积极应对气候变化，能否使个人与他人受益？如果受众不积极应对气候变化，会否使个人与他人蒙受损失？

附录2 《纽约时报》中的气候报道框架

框架名称	定义	传播框架
科学共识/科学不确定	强调气候科学及根据科学达成的共识程度	（+）有97%的科学家认为气候变化是人为造成的 （-）科学家对于气候变化的成因有分歧与争论
经济后果	聚焦气候变化或政策行为的经济效应或后果（如经济增长、投资、成本、竞争等）	（+）气候变化的治理行为将产生积极的经济效应 （-）气候变化的治理行为将产生消极的经济效应
环境后果	聚焦环境效应或气候变化与政策行为的后果（如空气污染、洪灾、物种灭绝、干旱、火灾等）	（+）气候变化有积极后果 （-）气候变化有消极后果
道德/伦理	聚焦气候变化行动上的道德/伦理考量	（+）当代对子孙后代负有的道德义务
灾难	聚焦气候变化的灾难性后果	（-）如果没有任何有效措施遏制气候变化，将导致灾难性后果
政治冲突	聚焦国家间的冲突	政策背后的政治策略
国家安全	聚焦气候变化对于能源、水、食品安全或民族国家的威胁（如移民问题）	（-）气候变化会对国家安全造成威胁
公共卫生	聚焦气候变化对人类健康的影响（如空气污染、营养不良与疾病等）	（-）气候变化会对公共卫生品质造成负面影响
自我效能	聚焦应对气候变化行为的难易程度	（+）个人应对气候变化行为有着积极的作用 （-）个人应对气候变化行为作用不大

续表

框架名称	定义	传播框架
外部效能	聚焦政治人物、产业领导者与精英在应对气候变化时采取的行动	（+）政策行动能够产生积极效应 （-）政策行动效果不大
反应效能	聚焦政策行动在应对气候变化上的成功率	（+）政策行动能够产生积极效应 （-）政策行动效果不大

附录3 1990—2018年《纽约时报》"他者"气候报道语料库

序号	日期	标题	框架
1	1990.10.16	全球气候变化是人类进化的动力 Global Climate Changes Seen As Force in Human Evolution	影响
2	1993.12.7	新数据显示：气候变化的影响以十年计，而非百年计 In New Data on Climate Changes, Decades, Not Centuries Count	影响
3	1998.1.27	一旦气候变化，速度会很快 If Climate Changes, It May Change Quickly	影响
4	1999.6.29	人类活动对气候变化的影响越发清晰 Human Imprint on Climate Change Grows Clearer	影响
5	2001.6.12	总统：将在气候变化议题中扮演领导角色 In President's Words, A Leadership Role on the Issue of Climate Change	责任
6	2005.3.16	在谈判中，气候变化被称为经济威胁 Climate Change Is Called Economic Threat at Talks	经济
7	2005.11.27	加拿大的不信任投票对联合国气候变化会议造成威胁 No-Confidence Vote in Canada Threatens U.N. Climate Change Meeting	冲突
8	2005.12.4	有关气候变化议题的思维方式开始变化 On Climate Change, a Change of Thinking	冲突
9	2006.12.6	因努伊特人的气候变化诉求被拒 World Briefing Americas: Inuit Climate Change Petition Rejected	冲突
10	2007.4.2	我们何时为因气候变化而慌乱？ When Will We Panic Over Climate Change?	影响
11	2007.4.7	科学家对极地到热带地区的气候变化问题逐一梳理 Scientists Detail Climate Changes, Poles to Tropics	科技

续表

序号	日期	标题	框架
12	2007.5.2	联合国：任命气候变化特使 World Briefing United Nations: 3 Climate Change Envoys Appointed	国际政策
13	2007.7.31	惊恐的巴西重新考虑在气候变化问题上的政策 Brazil, Alarmed, Reconsiders Policy on Climate Change	国内政策
14	2007.9.25	联合国秘书长敦促尽快采取措施应对全球气候变化 U.N. Chief Urges Fast Action on Global Climate Change	国际政策
15	2007.10.13	戈尔因气候变化共享诺贝尔和平奖 Gore Shares Peace Prize for Climate Change Work	行为
16	2007.11.13	气候变化使得前景不容乐观 Climate Change Brings Grim Forecast	经济
17	2007.11.18	联合国秘书长试图在气候变化议题上寻求更大领导力 U.N. Chief Seeks More Leadership on Climate Change	国际政策
18	2008.3.21	气候变化？顺利达成任务 Climate Change? Been There, Done That	科技
19	2008.4.9	让世界在气候变化问题上保全颜面的方法 A Way for the World to Save Face on Climate Change	处理措施
20	2008.4.23	欧洲又开始使用煤炭资源，气候变化警讯级别提升 Europe Turns to Coal Again, Raising Alarms on Climate Change	预测
21	2008.6.11	卢旺达：气候变化风险的典型例证 Rwanda as an Example of the Dangers of Climate Change	影响
22	2008.7.1	印度给出了8个气候变化政策上的方案，但未透露细节 India Offers 8 Ideals on a Climate Change Policy, but Few Details	处理措施
23	2008.10.9	气候变化辩论在哥伦比亚举行 Debate Over Climate Change at Columbia	国际政策
24	2008.12.11	美国的转变阻碍了气候变化谈判 U.S. Transition Hampers Talks on Climate Change	责任
25	2009.2.5	中美专家都看到双方存在应对气候变化的合作机会 Experts in U.S. and China See a Chance for Cooperation Against Climate Change	国际政策
26	2009.3.20	靠近北极的国家纷纷表示：气候变化已威胁到北极熊的生存 Nations Near Arctic Declare Polar Bears Threatened by Climate Change	影响
27	2009.5.29	岛民担心气候变化会加大联合国辩论的压力 Islanders Fearing Climate Change Press a U.N. Debate	国际政策

续表

序号	日期	标题	框架
28	2009.6.8	穷国要出资多少以应对气候变化? How Much Should Poor Countries be Paid to Fight Climate Change?	冲突
29	2009.6.13	今年底有望签署超越《京东议定书》的气候变化协议 Climate Change Treaty, to Go Beyond the Kyoto Protocol, Is Expected by the Year's End	预测
30	2009.8.9	气候变化被视作安全威胁,会耗尽军费 Climate Change Seen as Threat to Security and Drain on Military	影响
31	2009.9.20	100多个领导人即将会面讨论气候变化,各自都让别国率先采取行动 You First, Nations Say, as 100 Leaders Prepare to Meet on Climate Change	责任
32	2009.10.4	印度在气候变化上的新脚本 New Script for India on Climate Change	国内政策
33	2009.10.11	是的,我们能通过气候变化的立法 Yes We Can Pass Climate Change Legislation	处理措施
34	2009.10.15	解决气候变化花费少且简易的方法:封住煤气泄漏 A Cheap, Easy Way to Curb Climate Change: Seal the Gas Leaks	处理措施
35	2009.11.14	海龟成为哥斯达黎加气候变化的受害者 Turtle Tours and Turtles, Are Casualties of Climate Change in Costa Rica	影响
36	2009.11.24	美国将在气候变化召开前设定碳排放短期目标 U. S. to Set Short-Term Goal on V. Emissions Before Climate Change Meeting	国内政策
37	2009.12.12	欧洲承诺将出资几十亿作为气候变化基金 Europe Pledges Billions in Climate Change Funding	责任
38	2010.1.30	本·拉登又给美国加了一条气候变化罪名 Bin Laden Adds Climate Change to List of Grievances Against U.S.	冲突
39	2010.2.28	我们无法让气候变化自动消失 We Can't Wish Away Climate Change	处理措施
40	2010.3.9	肯尼亚:为应对气候变化融资 Kenya: Financing Climate Change Fight	处理措施
41	2010.5.18	哥斯达黎加气候变化谈判组长被任命为联合国气候变化小组成员 Costa Rican Chief Is Named For Climate Change Panel	国际政策
42	2010.11.28	坎昆气候峰会:要应对气候变化就得先洁净空气 To Fight Climate Change, Clear the Air	处理措施
43	2010.11.29	墨西哥气候峰会目标:为应对气候变化迈出步伐 Modest Climate Change Steps Are Goal of Meeting in Mexico	预测

续表

序号	日期	标题	框架
44	2010.11.30	全球气候变化对话在坎昆开启，各方并未作过高预期 Global Climate Change Talks Begin in Cancun With More Modest Expectations	预测
45	2011.6.27	蒙古的气候变化 Climate Change in Mongolia	影响
46	2011.8.13	研究发现：气候变化并不是霍乱高发的罪魁祸首 Cholera: Climate Change Isn't a Culprit in Increasing Outbreaks, Study Finds	影响
47	2011.9.27	气候变化对文化造成的负面影响 Climate Change Takes a Toll on Cultures	影响
48	2011.10.20	研究警告，有几百万人将受气候变化的影响 Millions Will Be Trapped Amid Climate Change, Study Warns	影响
49	2011.11.2	气候变化与发展中世界 Climate Change and the Developing World	经济
50	2011.11.2	联合国警告，气候变化会破坏全球繁荣 Climate Change Imperils Global Prosperity, U.N. Warns	影响
51	2011.11.9	发展中世界将在气候变化中扮演领导角色？ The Developing World, Leading on Climate Change?	经济
52	2011.11.13	中国研究表示，三峡大坝不会对气候变化产生影响 Chinese Study Says Dam Didn't Affect Climate Change	预测
53	2011.11.19	联合国政府间气候变化委员会发现极端天气背后的气候变化 Panel Finds Climate Change Behind Some Extreme Weather	科技
54	2011.12.11	应对气候变化需要更多的方法与手段 Bigger Toolkit Needed to Manage Climate Change	国际政策
55	2012.2.16	美国推动减少会加速气候变化的污染物的排放 U. S. Pushes to Cut Emissions of Some Pollutants That Hasten Climate Change	国际政策
56	2012.5.29	古代文明因气候变化而终结 An Ancient Civilization, Upended by Climate Change	影响
57	2012.7.30	气候变化怀疑者的转变 The Conversion of a Climate Change Skeptic	成果
58	2012.11.8	对于古代玛雅来说，气候变化既使其繁荣，又使其消亡 For Ancient Maya, Climate Change Giveth and Taketh Away	影响

续表

序号	日期	标题	框架
59	2012.11.10	美国国家研究委员会的报告将气候变化的风险勾勒出来 Report Outlines Climate Change Perils	预测
60	2012.11.13	玛雅的兴衰与气候变化的关联 Maya's Rise and Fall Matches Climate Change	影响
61	2012.11.29	联合国气候变化会议召开，就不断上升的气温提出了新的警讯 U.N. Climate Change Meeting Opens to New Warnings About Rising Temperatures	会议成果
62	2012.12.3	对话印度首席气候变化谈判代表 A Conversation With: India's Chief Climate Change Negotiator	冲突
63	2013.1.22	印度：气候变化与人口增长在布拉马普特拉河域叠加 Climate Change and Population Growth Meet Along the Brahmaputra River	影响
64	2013.10.14	孟加拉湾正面临气候变化带来的危险 The Bay of Bengal, in Peril From Climate Change	影响
65	2013.11.2	气候变化正威胁食物供应链 Climate Change Seen Posing Risk to Food Supplies	影响
66	2013.11.12	气候变化问题中的不公平 The Inequality of Climate Change	经济
67	2014.5.14	军事研究人员认为，气候变化所造成的安全威胁愈来愈大 Climate Change Deemed Growing Security Threat by Military Researchers	影响
68	2014.1.30	对于已经濒危的企鹅来说，气候变化不啻为又一危险 For Already Vulnerable Penguins, Study Finds Climate Change Is Another Danger	影响
69	2014.2.17	约翰·克里呼吁印尼应对气候变化风险 Kerry Implores Indonesia on Climate Change Peril	责任
70	2014.7.24	中国的能源计划可能使得气候变化愈加恶化 China's Energy Plans May Worsen Climate Change	预测
71	2014.9.16	报告显示：应对气候变化不会带来额外成本 Fixing Climate Change May Add No Costs, Report Says	经济
72	2014.9.21	推动气候变化新协定受到长久以来的财富差异的制约 Push for New Pact on Climate Change Is Plagued by Old Divide of Wealth	经济
73	2014.11.13	中国的气候变化方案可能引发一系列问题 China's Climate Change Plan May Raises Questions	影响

续表

序号	日期	标题	框架
74	2014.11.18	印度的燃煤高峰可能会打破气候变化的平衡 Coal Rush in India Could Tip Balance on Climate Change	影响
75	2014.11.30	墨西哥着手应对气候变化，批评人士指出不足之处 As Mexico Addresses Climate Change, Critics Point to Shortcomings	冲突
76	2014.12.2	调整气候变化的节奏 Adjusting the Tune on Climate Change	处理措施
77	2014.12.10	各方妥协下，一个应对气候变化的全球性协议即将出炉 With Compromises, a Global Accord to Fight Climate Change Is in Sight	预测
78	2014.12.14	各国向前推进气候变化协议 Nations Plod Forward on Climate Change Accord	国际政策
79	2014.12.24	恢复的森林在气候变化问题上取得进展 Restored Forests Are Making Inroads Against Climate Change	会议成果
80	2014.7.3	气候变化如何阻止中国防雾霾行动 How Climate Change Could Foil China's Smog-Fighting Efforts	影响
81	2014.7.13	用贸易手段对抗气候变化 Fighting Climate Change With Trade	处理措施
82	2014.7.21	美国加入与中国的气候变化谈判令人欣慰 A Reassuring American Presence Joins Talks on Climate Change With China	国际政策
83	2014.8.21	气候变化只会使城市的空气问题变得更加糟糕 Cities' Air Problems Only Get Worse With Climate Change	影响
84	2014.9.15	在印度致命的雨季到来之际，新总理会相信气候变化的巨大危害吗？ In a Season of Deadly Rains in India, Does the New Prime Minister Believe in Climate Change?	责任
85	2014.9.21	问与答：气候专家谈中国与气候变化 Q. and A.: Glen Peters on China and Climate Change	责任
86	2014.10.13	针对气候变化的关切将智利推向了碳税运动的前台 Climate Change Concerns Push Chile to Forefront of Carbon Tax Movement	国内政策
87	2014.11.13	气候变化议题上的重大突破 A Major Breakthrough on Climate Change	成果
88	2015.1.28	奥巴马访印尾声呼吁敦促印方解决人权与气候变化问题 As Visit Ends, Obama Presses India on Human Rights and Climate Change	人权

续表

序号	日期	标题	框架
89	2015.3.3	研究人员将叙利亚的冲突与因气候变化而恶化的旱灾联系在一起 Researchers Link Syrian Conflict to a Drought Made Worse by Climate Change	影响
90	2015.4.1	作为全球协定一部分的奥巴马气候变化战略公布 Obama's Strategy on Climate Change, Part of Global Deal, Is Revealed	国际政策
91	2015.7.22	纽约市长在梵蒂冈承诺将努力应对气候变化 At Vatican, Mayors Pledge Climate Change Fight	责任
92	2015.9.16	中美气候变化谈判人员会面 Chinese and U.S. Climate Change Negotiators Meet	会议成果
93	2015.9.26	在应对气候变化谈判中，中国向美国发起回击 Beijing Puts Ball Back in Washington's Court in Fight to Curb Climate Change	冲突
94	2015.10.27	天主教领导人在巴黎气候会议前夕发出气候变化呼吁 Catholic Leaders Issue an Appeal on Climate Change Ahead of Paris Conference	冲突
95	2015.11.11	面临气候变化的印度同样急需更多的能源 India Facing Climate Change, Also Desperately Needs More Energy	经济
96	2015.12.1	中国气候变化报道中的发现 The Findings of China's Climate Change Report	科技
97	2015.12.6	全球化石燃料补贴阻碍了（发达国家）对气候变化的出资承诺 Global Fossil Fuel Subsidies Dwarf Funding Commitment to Climate Change	预测
98	2015.12.7	《巴黎气候协定》背后的故事 Behind the Brackets as Paris Negotiators Shape a Climate Change Deal	国际政策
99	2016.2.21	寨卡病毒是气候变化发出的警讯 In Zika Epidemic, a Warning on Climate Change	预测
100	2016.3.3	中国或已达到煤炭使用的峰值 In a Hopeful Sign on Climate Change, China May Have Reached Peak Coal Use	预测
101	2016.5.13	气候变化寓言：令人疑惑的红结鸟数量减少案 A Climate Change Parable: The Puzzling Case of the Shrinking Red Knots	影响
102	2016.6.15	科学家：气候变化造成啮齿动物的灭绝 Climate Change Killed Off a Rodent, Scientists Say	影响

续表

序号	日期	标题	框架
103	2016.7.8	气候变化使得玻利维亚一个湖不见了 Climate Change Claims a Lake and a Centuries-Old Identity	影响
104	2016.8.8	适应气候变化 Adapting to Climate Change	处理措施
105	2016.9.1	奥巴马造访亚洲寻求贸易与气候变化上的突破 Obama Heads to Asia Seeking Progress on Trade and Climate Change	国际政策
106	2016.9.8	奥巴马谈气候变化：趋势"吓人" Obama on Climate Change: The Trends Are 'Terrifying'	责任
107	2016.11.10	特朗普可能取消《巴黎气候协定》 Donald Trump Could Put Climate Change on Course for 'Danger Zone'	国内政策
108	2016.11.17	中国气候变化谈判者告诉特朗普：气候变化不是我们造成的 The Paris Agreement; We Didn't Invent Climate Change, Chinese Negotiators Tell Trump	冲突
109	2016.11.19	在气候治理的角色转变上，中国给美国上了一课 In Sign of Shifting Roles, China Gives U.S. a Lecture on Climate Change	冲突
110	2016.11.23	布隆伯格：无论有没有特朗普，城市都将对抗气候变化 Bloomberg Says Cities Will Fight Climate Change, With or Without Trump	国内政策
111	2016.11.29	尽管做了应对气候变化的承诺，中国对煤炭的挖掘仍在继续 Despite Climate Change Vow, China Pushes to Dig More Coal	经济
112	2016.11.30	在应对气候变化上扮演领导角色的城市与州 Cities and States Lead on Climate Change	处理措施
113	2017.1.6	由于特朗普否认气候变化，这些孩子死掉了 As Donald Trump Denies Climate Change, These Kids Die of It	责任
114	2017.1.10	中国想成为气候变化的监督者，但是它能以身自则吗？ China Wants to Be a Climate Change Watchdog, but Can It Lead by Example?	国内政策
115	2017.1.15	在达沃斯，做好美国在气候变化上立场变化的准备 In Davos, Bracing for a Shifting U.S. Stance on Climate Change	会议成果
116	2017.2.7	"不理性"的煤矿可能抵消中国应对气候变化的努力 'Irrational' Coal Plants May Hamper China's Climate Change Efforts	预测
117	2017.4.1	应对气候变化中女性扮演的关键角色 Women's Crucial Role in Combating Climate Change	处理措施
118	2017.5.22	中国与印度在应对气候变化上取得了重大进展 China and India Make Big Strides on Climate Change	会议成果

续表

序号	日期	标题	框架
119	2017.5.24	气候变化可能加剧中国的雾霾危机 Climate Change May Be Intensifying China's Smog Crisis	影响
120	2017.6.2	中国会领导应对气候变化吗？很难 Can China Take the Lead on Climate Change? That Could Be Difficult	预测
121	2017.6.2	气候变化中的中国角色 China's Role in Climate Change, and Possibly in Fighting It	责任
122	2017.6.2	其他国家重申将应对气候变化 Defiant Other Countries Reaffirm Fight Against Climate Change	国际政策
123	2017.6.6	由于特朗普置身事外，美国气候变化特使杰里·布朗在中国就气候变化进行协商 As Trump Steps Back, Jerry Brown Talks Climate Change in China	国际政策
124	2017.7.8	世界各国领导人在气候变化议题上往前推进，但美国并不在内 World Leaders Move Forward on Climate Change, Without U.S.	国际政策
125	2017.7.20	解决气候变化成本低廉的方法？用付费的方式让人不要砍树 A Cheap Fix for Climate Change? Pay People Not to Chop Down Trees	处理措施
126	2017.8.1	气候变化被视为世界最大的威胁之一 Climate Change Seen as World's Greatest Threats	影响
127	2017.8.11	除了朝鲜，关岛也面临另一威胁：气候变化 North Korea Aside, Guam Faces Another Threat: Climate Change	影响
128	2017.11.3	在气候变化问题上我们的道德机遇 Our Moral Opportunity on Climate Change	影响
129	2017.11.12	美国不愿承担气候变化领导者角色，谁会填补空白？ As U.S. Sheds Role as Climate Change Leader, Who Will Fill the Void?	预测
130	2017.12.19	中国公布了一项雄心勃勃的计划来控制碳排放 China Unveils an Ambitious Plan to Curb Climate Change Emissions	责任
131	2018.1.1	为了应对气候变化，洗衣时一次装一桶衣服 Fighting Climate Change, One Laundry Load at a Time	处理措施
132	2018.1.26	气候变化导致了更大的雪崩 Bigger Avalanches Are Being Set Off by Climate Change	影响
133	2018.7.11	泰国境内的大水是否与气候变化有关？ Does Climate Change Have Anything to Do With Floods in Thailand?	影响
134	2018.9.9	富国承诺为应对气候变化出资数十亿，穷国望眼欲穿 Rich Nations Vowed Billions for Climate Change. Poor Countries Are Waiting	责任

续表

序号	日期	标题	框架
135	2018.9.14	中国应效仿加州应对气候变化的做法以减缓气候变化进程 *China Should Match California's Effort to Slow Climate Change*	国际政策
136	2018.10.6	让气候变化停止已经绝无可能，我们行动吧！ *Stopping Climate Change Is Hopeless. Let's Do It.*	国际政策
137	2018.10.24	天堂受到威胁：斐济应对气候变化的战争 *Paradise Threatened: Fiji's War Against Climate Change*	处理措施
138	2018.10.26	三种创造气候变化投资策略的方式 *3 Ways to Create a Climate Change Investment Strategy*	处理措施
139	2018.11.28	巴西食言，未主办2019年气候变化峰会 *Brazil Backs Out of Hosting 2019 Climate Change Meeting*	国内政策
140	2018.12.7	美中贸易摩擦会削弱两国应对气候变化上的合作 *U.S.-China Friction Threatens to Undercut the Fight Against Climate Change*	国际政策
141	2018.12.10	特朗普不愿应对气候变化，中国必须加速应对 *Trump Is Unwilling to Tackle Climate Change. China Must Step Up*	责任

后　记

我选择"'他者'气候报道中的媒体社会责任"这一课题，灵感来源于博士期间对于中国近年来在全球气候治理上的贡献与西方媒体塑造的中国形象之间差异的反思，希望本书能够让读者更好地了解西方媒体气候报道话语中的中国形象建构，为我国更有针对性地建构气候报道话语提供一些借鉴。本书构思于2019年，历时三年，经历了多次修改和完善，算是我近些年来在科研上的一个小小的成果。由于本人学识水平有限，在撰写和修改书稿的过程中常常有力不从心的感觉，呈现在读者面前的作品一定多有瑕疵，期待各位专家、学者与同仁对该书提出批评与给予指正！

本书的撰写、修改和出版得到了很多机构和人士的帮助，没有他们便没有本书的面世。首先，我要感谢我的博士生导师——中国传媒大学孙英春教授，他从选题、结构、研究方法、语言表达及出版等方面都给我提供了指引与点拨。他的鞭策与鼓励让我不仅学习到知识，更学到为人处世的准则与格局；其次，我要感谢南京晓庄学院外国语学院王静萍院长，她十分关心我这本处女作的出版，在出版社的选择等细节方面给了我极大的指导与帮助；此外，我还要感谢中国传媒大学的张开教授、李智教授、刘笑盈教授、贺文发教授、罗青教授、周亭教授、龙小农教授和张艳秋教授，他们在不同阶段对我的指导让我受益良多；感谢曾经帮助过我的同学刘首兵、孙青、邓德花、解庆峰、吕航……你们给我的开导和鼓励帮我度过了曾经那段艰难岁月；最后感谢中国传媒大学出版社的张笛编辑，正是她专业和细致的工作才使得本人的这本拙作有机会和大家见面。

我的父母、妻子和女儿在我人生最艰难的时候给予了最大的包容和支持，谨将此书献给他们！

吴隽然
2023年冬于南京